太极是道

杨松泉 著

人民东方出版传媒

东方出版社

杨松泉先生遗照

杨松泉先生简介

杨松泉先生，陈氏太极拳第十一代传人。

1951 年生于河南温县陈家沟邻村冉沟（陈家沟为太极拳发源地）。幼承家学，随外公陈照丕宗师修炼祖传太极拳法，得其真传。

4 岁始练功，7 岁始能体悟太极内炁奥妙，12 岁时已领会全部祖传套路心法，包括两路拳法、五种揿手、刀枪剑棍兵器等。

少年时常跟随外公教拳，辅导村中子弟修习拳术。后外出游历，赴河南洛阳、陕西、山西、四川、云南等地授拳。所到之地，从学者众。

1988 年，应中国音乐学院之邀请，赴北京传授拳学。于中国音乐学院旧址恭王府举办多届培训班，为数十名音乐教师指导炁功修炼法，助益琴技，效果斐然，深受嘉许。

1995 年，创立北京陈家沟太极拳培训中心，并于恭王府举办典礼。2008 年，经公众之推举，获评为中国太极拳培训十大影响力品牌机构，并在人民大会堂接受相关领导颁发荣誉证书。

20 世纪 90 年代以来，多次为意大利、美国、日本等诸国留学生授拳。应北京中医药大学之邀请，数次赴德国讲授太极与中医，反响热烈。并多次应邀赴美国、瑞典、瑞士、罗马尼亚等国家传授拳学，从学者甚众。

历任中国民间传统武术家联谊会副会长、剑桥大学易经研究联盟资深太极顾问、罗马尼亚养生艺术学院荣誉院长兼中国太极运动养生专家。多次担任世界太极拳大会导师、主评委。

2005 年，亲身演示太极道桩功养生疗法，连续 30 期刊登于《中国医药报》，深受各界养生人士热烈欢迎。

2008 年，时任美国财政部长亨利·保尔森慕名来学，委托驻华使馆致信中国政府，盼杨松泉先生授其拳术。先生代表中国于团结湖公园为保尔森全家十余人授拳，分文未取，拳拳爱国之心和文化使者之举，成为北京奥运会期间中美文化交流之佳话。

中国海油、中国海关、国家检察官学院、北京市工商局、北京市税务局等单位皆竞相聘请授拳。

2011 年，应北京大学法学院之聘请，为众教授与职工传授太极拳法，迄今逾十二载。2019 年，北京大学法学院举办"首届照丕太极文化研讨会暨陈家沟杨松泉师父太极传承仪式"，为中华传统文化传承与发扬之里程碑。同年，北大法学院松泉法太极团队成立。

21 世纪以来，应中国外交部之邀请，数次为多国驻华使节及家属传授太极拳，新华社、人民日报社均作报道。2022 年，于建国门外外交公寓，为世界四十余国友人演练拳法与辩手法，举座赞赏。

2018—2020 年，陈家沟村连续三届举办"松泉杯"春节太极拳比赛，并授予"陈家沟太极拳文化传播大使"荣誉称号。

自 1988 年始，于北海公园天王殿、九龙壁为公众授拳，三十余年亲传亲授，风雪无阻，深受国内外广大受益者爱戴。

余时皆倾心培养弟子，或于香饵胡同道场中静修。六十八载修行不辍，由拳而入道。

2023 年 11 月 30 日，带领学员们修炼，完成"天人合一"收功后，溘然仙逝。

目 录

太极内经

师 承

附 录

北大法学院松泉法太极团队练拳体悟心得

自 序

太极拳，发源于陈家沟陈王廷祖师。体阴阳变化之妙，运五行八卦之理，顺天地自然之道。既是武学，又蕴含深刻哲学思想；既是拳法，又是健康养生法宝。可谓古老东方智慧的一颗璀璨明珠，圆满无瑕。

余自幼跟随外公习拳，迄今已逾一甲子。每每回忆起外公的教导和叮嘱，犹如昨日。外公不仅传授拳法，还常常讲授《易经》、《道德经》、《黄帝内经》等。儿时虽听不太懂，却记得真切。到而今，每当夜深人静之时，外公的话语总是清晰浮现于眼前，令我不断开悟。

《易经》揭示天地万物变化之真谛；《道德经》揭示修养道德、全德合道之真意；《黄帝内经》揭示人体生命之奥秘。天地、社会、人体，并行不悖。诸多奥秘，在修炼太极拳的过程中一一展露真容。

越修炼，越感叹太极拳乃是博大精深之学问。其博大犹如珠穆朗玛峰之高峻，其精深犹如太平洋之深邃。太极二字，包罗万象，增一字则多，减一字则少。太极即是宇宙的生命与灵魂。

当今之世，作为一位道家的传人，传承太极，任重而道远。余每忆起外公之言传身教，勤练精研，偶有体悟。故录之成册，以贻后人。

太极是道，太极拳是道的实体。此太极内经亦是在《易经》、《道德经》、《黄帝内经》三部古经之照耀下，历经 68 年实修体悟，自然而生。太者，天也；极者，地也；内者，内在的核心；经者，天地自然的规律。古人发现两肾为先天之本，是人体内在的核心，两肾之炁在人体内运行，可使人与天地自然相通。本书将古人所发现的人体奥秘及修炼方法公布于世，是为太极内经。

道法自然，天人合一，是人类内在的生存理念。全人类都需要认识太极，亲近太极；全人类都需要合于自然，合于道。太极即是人生，人生即是太极。愿天下人能从中领会太极拳的精深奥义，享受太极人生的幸福之道。

陈氏太极第十一代　杨松泉

2023 年元月于北京

前　言

太极拳，理根太极，因处处不离阴阳，故名太极拳。太极者，形而上之道也，道意发端于老子。太极拳者，形而下之器也，拳法始创于陈王廷。

太极拳是道之本体，道是太极拳之核心。修炼太极拳，即是修道也。

道意尚无。天下万物生于有，有生于无。太极拳法，根本无极，无极而生太极。入于虚无，合于道也。虚其心，舍其性，则先天真性生焉；无其力，无其氣，则太极元炁充盈；忘于物，忘于我，则太极真意流行。太虚、太和、太空，异名而同谓。真空妙有，妙有真空。玄之又玄，众妙之门。

道意尚柔。柔弱居上，坚强居下。上善若水，因其至柔。太极拳法，柔为上乘。柔则虚，虚则灵，灵则阴阳互运。柔弱虚灵，包裹天地，贯串万物。不柔则无以生刚，不柔则无以克刚。所谓真柔，即是真刚。致虚求柔，正道之门。

道意尚易。道，可道也，非恒道也。名，可名也，非恒名也。因其恒易，故日月以之明，星历以之行，山以之高，水以之深，龙以之游，凤以之翔，兽以之走，草木以之荣。太极拳法，其理易也，其理一也。太极拳三阶九层境界，由招熟而渐悟懂劲，由懂劲而阶及神明；由一阴九阳根头棍，而至九阴一阳化乌有。一层深一层，层层妙无穷。不明此，即不明太极拳之全体大象也。

太极拳者，依道意演化为拳，其理本于阴阳，其炁通乎天地，其神归于太和。拳之运动，动开而静阖，有无之相生，虚实之相成。太极拳，乃神拳也，其拳法遵循道法，非以人力为转移。古人先贤所创此神拳，着着势势皆合于道，一处有一处阴阳，处处自有一虚实。道法规矩，至无情矣。差之毫厘，谬以千里。故欲修炼太极拳，须尊师重道，切勿妄改古传拳势。使吾身之运动合于道法之规矩，则近道矣；反之，则离道矣。

太极拳者，天地炁也。即是中正之炁，即是"一"。一正避万邪。故常言：太极拳不打人，太极拳使神鬼都害怕。其技击性乃是出于自然，非以手足相搏也。其为炁也，至柔至刚。刚劲如疾风迅雷震撼对方，柔劲如和风细雨化解对方。使其犹如出入波涛之中，忽掀于巨浪之上，忽跌入旋涡之中，目眩神晕，而莫知其所以然。此即是太极拳十三势之运用法。至神明时，只觉两手空空运太极，出手不见手，有手似无手，浑然一炁，有移山倒海之势。

太极拳者，其意甚深远，乃文、乃武，乃天、乃地，乃圣、乃神。或有以太极拳为武术者，未免失之偏颇。或有专精于搏击技术者，未免流于道之末也。

修炼太极拳之最高境界，乃是回返先天。人有三种动，劳动、活动、运动。亦有三种潜能，心、脑、肾，或曰力、炁、意。心脑所辖皆为后天，唯两肾所辖是为先天。开发第三潜能，是修炼太极拳之最终理想。肾乃先天之本，两肾运化，则炁机无滞，血脉畅通，骨重髓满，胸虚腹实，面若桃李，行步如风，寿高而体健也。

修炼太极拳之重要功能，乃是开发智慧。大脑分左右。左脑为脑袋，存储后天知识；右脑为脑海，蕴藏先天智慧。涌泉之水上行，入于两肾，入于右脑，则脑海智慧生焉。是故，右脑是道真，是自然之玄机，是智慧之源泉。

修炼太极拳之首要功效，乃是祛病延年。古人云：通则不病，病则不通。第三潜能，乃是先天自然之炁流。炁流发动时，通百关，排秽浊，润肌肤，坚筋骨，养脏腑，治万病。《黄庭经》云：外方内圆神在中，通利血脉五藏丰，骨青筋赤髓如霜，七窍已通不知老。人若得道，恬淡自然，炁充百脉，天地护卫，诸疾不生，返少还童。

真人内修其本，外不饰其末。大道无形，真修者自成之。此道至高，此经至真，故曰太极内经。书中所言，乃最上之道，最上之法。此经直指修道之法门，字字珠玑，须留意揣摩。然道意只可神会，难于言传，若形于文字，已非原意也。学者尤须领略其中神意，切勿执着文字；尤须踏实修炼功夫，切勿咬文嚼字。慎思之，笃行之，修正之，即是修行之真义也。

道无经不传，经无师不明。道者，路也；经者，径也；师者，传道授业解惑也。此经指示学拳之路径，亦须明师指引，不致行偏走岔，方可成于正道。

4

道法无门，而爱厚德。至慈孝顺，至诚敦厚，尊奉师道，勤于行之，天道相感，可得真道。

太极内经

太极象图解第一

无极图解

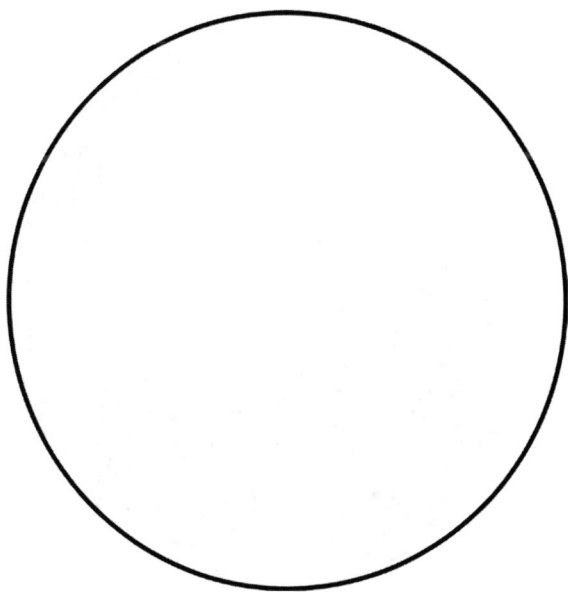

无形无名，万物之宗。

天下万物，以无为本。

古太极图解之一

　　太极者，无极而生，动静之机，阴阳之母也。

古太极图解之二

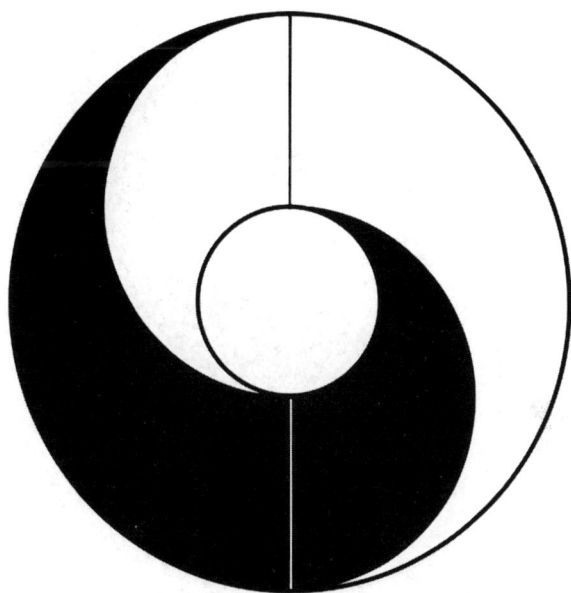

太极之象一氣旋，两仪四象五行显。

先天八卦浑沦清，万物何尝出此圆。

今太极图解

阴阳互交，生化万物，生生不息。

河图解

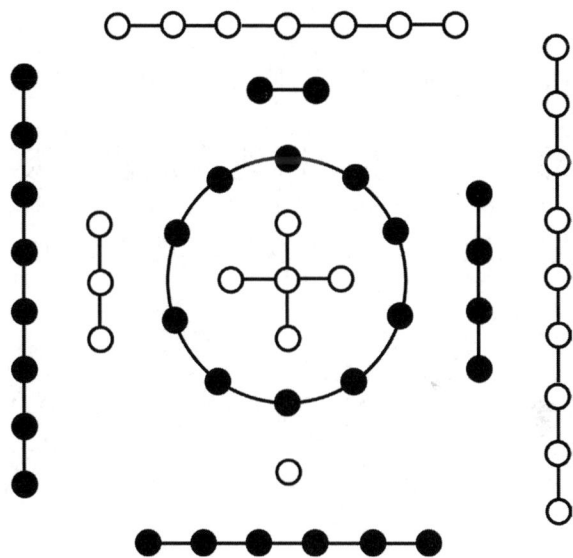

龙马负河图，示阴阳五行方圆之象。

奇数一、三、五、七、九为阳，为天龙；偶数二、四、六、八、十为阴，为地马。

天一生水，地二生火，天三生木，地四生金，天五生土，地六成水，天七成火，地八成木，天九成金，地十成土。

洛书解

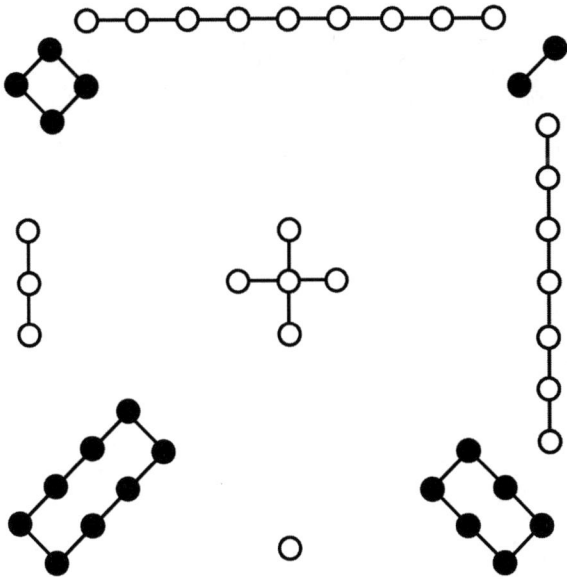

龟蛇出洛书，示阴阳五行八卦之妙。

奇数一、三、七、九居四正，偶数二、四、六、八居四隅，五居中央。

一、三、五、七、九为阳，清氣上升；二、四、六、八为阴，浊氣下降。

伏羲八卦方位图解

昔者圣人，仰则观象于天，俯则观法于地，观鸟兽之文与地之宜，近取诸身，远取诸物，于是始作八卦，以通神明之德，以类万物之情。

文王八卦方位图解

昔者圣人，立天之道曰阴与阳，立地之道曰柔与刚，立人之道曰仁与义。

太极生两仪四象八卦图解

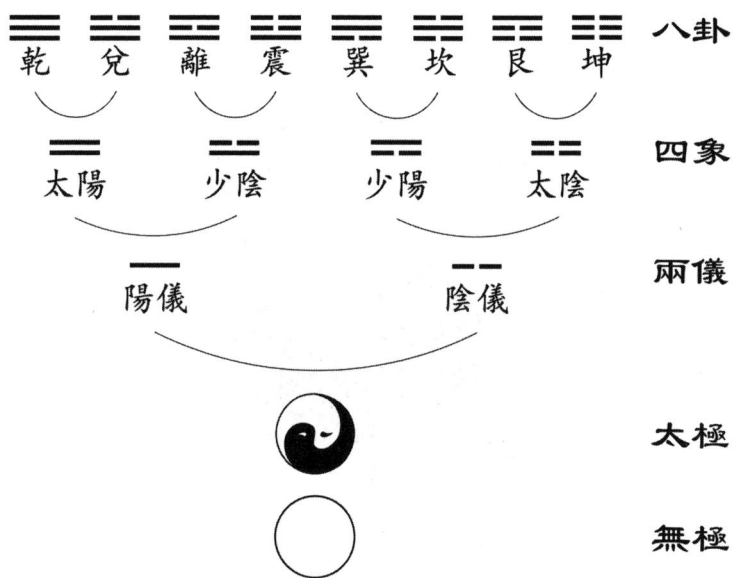

八卦	乾 兑	離 震	巽 坎	艮 坤

四象　太陽　少陰　　少陽　太陰

兩儀　　陽儀　　　　　陰儀

太極

無極

　　易有太极，是生两仪，两仪生四象，四象生八卦，八卦定乾坤，万物生生不息也。

天地自然河图解

在天成象，在地成形。

八卦成列，象在其中。

刚柔相合，变在其中。

先天八卦动静图解

陽　　　　　　　　　　陰

儀　　　　　　　　　　儀

巽

坎

震

艮

離

坤

靜極復動　正北純陰　動而生陽
　　　　　冬至子中

刚柔相摩，八卦相荡。鼓之以雷霆，润之以风雨。日月运行，一寒一暑。乾道成阳（男），坤道成阴（女）。

16

一年氣象图解

春生夏长，秋收冬藏。

五行顺布，四时运行。

万物终始，其无穷矣。

一月氣象圖解

缺

盈

晦朔弦望，月圆月缺。

盈虚消长，循环无端。

有无相生，大炁成矣。

一日氣象图解

昼夜相推，阴阳消长。

十二时辰，变化万端。

一日往复，万古长青。

太极是道第二

道生一，一生二，二生三，三生万物。万物负阴而抱阳，中氣以为和。是以宇宙一也，天地阴阳二也，人物之生息三也。大道无形，生育天地；大道无情，运行日月；大道无名，长养万物。吾不知其名，强名曰道。

夫道者，始于虚霸，虚霸生宇宙，宇宙生氣，有清有浊，有动有静。清阳者上升而为天，浊阴者下凝而为地。覆天载地，禀受无形。约而能张，幽而能明，弱而能强，柔而能刚。植之而塞于天地，横之而弥于四海，舒之而幎于六合，卷之而不盈于一握。高不可际，深不可测。

大道无极，是生太极，立阴阳为万物之纲纪。动而生阳，动极而静；静而生阴，静极复动。一动一静，互为其根；分阴分阳，两仪立焉。阴阳二氣，虽是两分，亦是浑然。二氣交感，相合无间，化生万物，而变化无穷焉。

拳以载道第三

太极拳何意解?

太者,天也;极者,地也;拳者,炁也。太极拳者,天地炁也。

拳之一道,理根太极,故名太极拳。太极,形而上之道也;太极拳,形而下之器也。天地之间,道器攸分,非道自道,器自器也。器是道之显于有,道是器之归于无。

天地之和合,阴阳之化育万物,皆乘一炁。天地之间,六合之内,其氣九州九窍五藏十二节,皆通乎一炁。宇宙之间,一人之身也；六合之内，一人之形也。

　　太极，乃天地之大运动也；太极拳，乃人身之大运动也。古人圣贤造此拳术，施之于人伦，修之于日用。以安其身，以全其德，以归其神，与天地为一。

太极拳道统第四

道　根

老子尝播一粒种，千载长成参天树。

此树有名谓之道，道可道也非常道。

假名是道真名无，万物皆自无极始。

生一生二自生三，万物生生化无穷。

太虚玄妙无上道，玄之又玄众妙门。

恬淡自然性无为，致虚守静复根本。

天若有情天亦老，大道无情久长存。

万物生化复归一，万法归一正道根。

道　修

此道至高无法门，恍兮惚兮难窥求。

思之者而莫能知，观之者而不可见。

积之者而不可得，行之者而不能达。

惟有含德深厚者，尊师重道方可修。

拳以载道养中正，天道酬勤见性真。

大道规矩须谨遵，大道无情循造化。

道法自然本无极，天人合一道法真。

道 果

清风岭上陈家沟，陈王廷公创拳术。

河洛交汇旋激荡，清水浊水合太极。

伏羲画卦邻相望，周公沉璧祭天皇。

神农山顶紫氣绕，相传老君筑丹台。

陈氏家风尚习拳，世代修行无断续。

陈王廷公勤精研，老来黄庭随身伴。

修真得道顿悟生，演化道法太极拳。

包罗五禽易筋经，导引吐纳在其中。

此法上承老君脉，千载结得正道果。

道果名曰太极拳，容合中华养生功。

运转周身寓开阖，万法归一道果真。

重返天真第五

　　天地之间有一氣贯通，谓之元炁。其为炁也，至柔至刚，充塞天地，周流六虚，昼夜不息。

　　人，与天地俱生于虚无之始，禀乾坤而交以成性，受阴阳相感以成形，列三才之品，为万物之灵。氣之于人，有先天之炁，有后天之氣。父母未生以前，为先天真炁；父母既生以后，为后天凡氣，凡氣耗尽，则寿尽矣。

　　人在母腹之初，受父精母血之际，忽生无形衣胞。衣胞之中，子脐带与母脐带相连，与母同呼同吸。脐带始生两肾，上通两目，下贯涌泉，而生五脏六腑。其体始全，全则能动，动则神生，神生则性灵。十月胎圆，然后降生。脐前为神阙，后为命门，寄体于肾。神阙为阴，命门为阳。人在母腹中，由神阙得之滋养；人降生后，由命门得之长养。人初降诞，命门未闭，故有天地之性。三岁既过，命门闭之，则先天之性俱泯，而归于后天之性矣。

修炼太极拳，复使命门开阖，复生先天之炁，复归天地之性。谓之重返天真，是修炼太极拳之最高境界。

三才图解

陽中有陰　　動中有靜

人不修為　　陰陽混沌　　人若修為　　陰陽和合

陰中有陽　　靜中有動

道意第六

命意源头在腰间隙。

命门者，腰隙之要穴，两肾之君主，造化之枢机。

命意者，即是真炁，生于两肾，出于命门，行于周身，入于丹田，合于天地。在身谓之炁，在骨谓之精，在意谓之神。

意，有后天与先天两分。后天之意出于大脑，先天真意出于命门。

修炼太极拳者，舍后天而返先天。舍大脑之意，寻命门真意，有意无意是真意。此乃修炼要诀，微中又微，妙中之妙！

道意歌诀

太极是宇宙，修化于卧牛之地。

命门生真炁，光射于天地之间。

万物归于道，道意生养于命门。

修德第七

欲修道者，先养其德。

无德则不成道，无道则不成佛。

大舍为德，和为贵，无为真。

道法无门，惟养德深厚者，天道相感，可得真道。

修一第八

阴阳相济，修身之基。其妙者，"一"也；其法者，"中"也；其窍者，"空"也。

天得一以清，地得一以宁，人得一以灵。

一者，万物之本，纯而无杂，浩劫长存。天地运而相通，万物和而为一。能得一，则无一之不得；不能得一，则无一之可得。

人之得一者，提挈天地，把握阴阳，呼吸精氣，独立守神，骨肉若一，则寿敝天地，无有终时。

百会为阳合于天道，涌泉为阴合于地道，天地合而"中"定矣。

身中骨正浩炁通，接天阳之精华，接地阴之大氣，空空妙有，自保虚灵，天地人三才合一。

修无第九

修太极，修道也；修道，修无也。

无极而生太极。

无身形，显两肾。

无心性，养正道。

无个性，乃自然。

修心第十

心清水见月，意净天无云。人能常清净，天地悉皆归。

心者，后天之主，一身之帅。若心氣浮于上，则上重下轻，阴阳颠倒，离道远矣！众人熙熙，心浮氣躁，心劳氣废，心神无宁，疾所以生。

心若清净，天地归一。心不敬者神不至，心不静者肾不动，心不净者意不生。不敬则不静，不静则不净。敬静净而灵，灵则太极生。

务令心氣下沉，沉于两脚，归于涌

泉；肾炁上升，运于两手，归于劳宫。上身轻灵，足应万事。天清地浊，天动地静，上虚下实，天地之间是活泼泼的生命。心火合于涌泉，水火既济，乾坤交泰，性命葆真。

虚静至极，则道居而慧生。有心修到无心处，方知太极真神妙。

修性第十一

人，得天地之秀而最灵。然天地能长久而人不能长久者，何也？

天地能长久者，盖为不移本性，常守虚寂，湛然不劳，而得自然之道，故能久长。人不能长存者，缘生妄想，移于本性，不执自然，不守其根，自取其劳，思虑不息，元炁消散，故不能长久。

有性之性，性也；无性之性，生也。舍我个性，以至无性，合于道性，乃自然也。

有性修到无性处，生生不息之源泉。

修身第十二

刻刻留心在腰间，动起两肾才是真。

修身，即是修肾也。

肾为先天之本。两肾之炁，上通百会合于天，下通涌泉合于地，植塞天地，至柔至刚，合于自然，生生不息。开发两肾之炁，于周身川流不息，是为修身真义。

肾水滋养脑海，天光内发，照见万境，智慧由此生矣。

须知鼓命门，动两腰。命门不鼓则两腰不能圆动，两腰不动则不能振发命门。命门开阖，以生真炁也。

须知大舍大得。用力则断，用氣则滞，用意则活。不舍肌肉之僵力，真劲不生；不舍筋骨之拙氣，真意不生。惟有舍此有待之身，体合大道，得意而忘形也。

有身修到无身处，方知天地人合一。

阴阳颠倒第十三

阴阳者，乾坤、天地、日月、水火、上下、开阖、方圆、进退、正隅。

阴阳颠倒之理，可以水火之性论之。

火之性，炎上也；水之性，润下也。

若任由火炎上、水润下，则水火必分而为二。此为水火未济也。

若使炎上之火下降，使润下之水上升，则可保炎上之火无穷尽，亦可保润下之水无枯竭。此为水火既济也，亦为阴阳颠倒也。

明乎此理，则可言道。乾坤为一大

天地，人为一小天地，人与天地岂不同
理乎！

吐纳第十四

天地之间，其犹橐龠与！虚而不竭，动而愈出。

人之一身，其犹橐龠与！一阖一辟，绵绵不断。

拳之运动，其犹橐龠与！一阴一阳，一动一静，一开一阁，循环无端。

修炼之功久，吐纳自然生，非强力为之。

虚实开阖第十五

道生一，一生二，二生三，三生万物。又曰，三归一者得天下。

太极者，无极而生，动静之机，阴阳之母也。孤阴不生，孤阳不长，阴阳变而万物生。阳主动，阴主静。动之始则阳生，静之始则阴生；动之极则阴生，静之极则阳生。有生有灭，有升有降，造化之流行不息，氣机之消长莫测。

太极拳之道，虚实开阖四字尽之。一阴一阳之谓道，其妙处在互为其根。虚如行云流水，实如山岳雄峙；开则一泻千里，阖则固若金刚；动若脱兔，静若处子；柔则缠绵如丝，缕缕不断；刚则弹簧箭发，势若迅雷。

虚实开阖，象天法地，有无之相生，动静之机变。动之则开，静之则阖；有之则实，无之则虚。妙在俱合，灵在俱虚。虚实分而阴阳判，开阖真而阴阳变。虚实即是开阖，能知开阖，即知阴阳。虚实开阖互相化生，得浑元一氣循环无端，化则无穷焉。

虚实歌诀

实到无虚乃是实，虚中有实才是虚。

实中能虚谓之道，虚中能实道是真。

开阖歌诀

开中有阖则为开，开中无阖则为散。

阖中有开则为阖，阖中无开则为滞。

开要开得尽，开中能阖则为真。

阖要阖得住，阖中无开则为道。

刚柔第十六

天下莫柔弱于水，而攻坚强者莫之能胜也。水之胜刚也，弱之胜强也。

太极者，本无极也，以天下之至柔，驰骋于天下之至坚，是为以柔克刚、四两化千斤。

太极阴阳，寓柔寓刚。氣屯于内，而外现轻和，柔势也；氣行于外，而内持静重，刚势也。用刚不可无柔，无柔则环绕不速；用柔不可无刚，无刚则催逼不捷。

一阴一阳谓之道，一阳一阴非道也。阴为柔，阳为刚。柔为母亲，生柔生刚。

真心求柔，无意成刚。运动之功久，则化僵为柔，炼柔生刚。即柔即刚，极柔极刚。刚柔相济，运化无方。

太极拳者，外柔内刚。筋骨皮肉膜为柔，内劲为刚。缠绕为柔，发劲为刚。运化为柔，落点为刚。柔为长线，连绵不断；刚为针尖，入彼空门。炼片成丝，修丝成点。刚柔互运，则沾、黏、连、随、腾、闪、折、空、掤、捋、挤、按、採、挒、肘、靠、活变，无不得其自然矣。

刚柔歌诀

拳之运动，惟柔与刚。

彼以刚来，我以柔往。

彼以柔来，全在称量。

刚中寓柔，与人不侔。

柔中寓刚，人自难防。

运化在中，不矜不张。

中有所主，无任猖狂。

随机应变，终不惊慌。

动静第十七

道，动静相依也。静中有动，动中自静，动静生定。

动中之静是真静，静中之动是真动，静是万动之灵。

拳虽动功，静在其中。不静不知动其妙，动中求静静犹动。内不静则外形妄动，外不静则内景不动。

致虚极，守静笃。真静之中显真动，任尔千变万化，我自归于一静。

又曰：轻则灵，灵则动，动则变，变则化。

方圆相生第十八

太极者，方也，无论内外、上下、左右，不离此方也。

太极者，圆也，无论内外、上下、左右，不离此圆也。

太极拳之运动，内精圆融而外形方正，上圆而下方，神圆而形方，犹智圆而行方之意。

方由圆生，圆由方成，此方圆相通之理，阴阳相通自然之数也。

一者，数之始，即太极浑然阴阳并寓。太极生两仪，两仪生四象，四象生八卦，八卦定乾坤。由四方而生八方，方之形成矣。八角方形，一模其棱，即成圆形矣。

圆者，一生二，二生三。以三围之，则圆之形成矣，即所谓围三径一。如一圆丸，上下四旁削其外质即成方形矣。

由方以生圆，由圆以成方。方之进退，圆之出入，随方就圆之往来也。方为开展，圆为紧凑，方圆规矩之至，生生不已也。

太极拳外形方图解

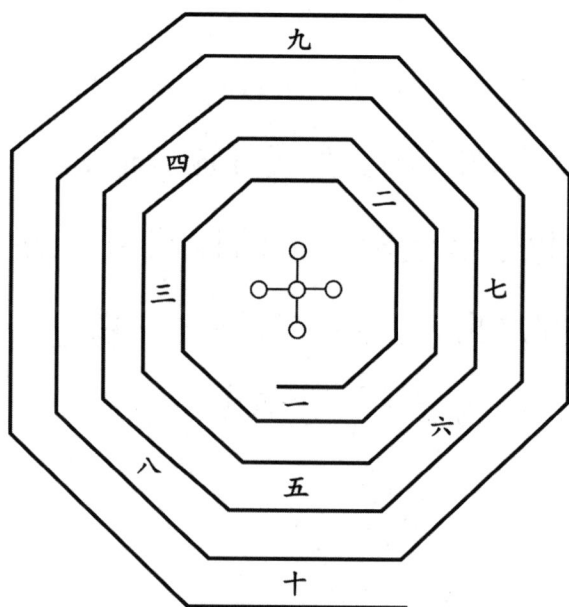

太极拳仿洛书作形体方正图。

太极拳内精圆图解

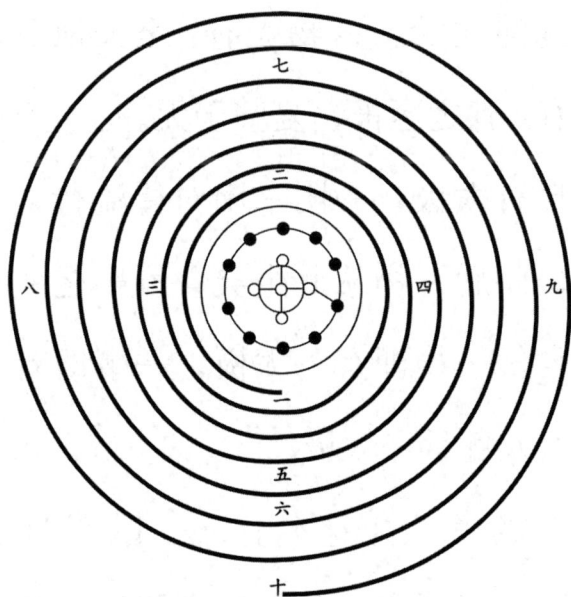

太极拳仿河图作内精圆图。

太极之圈第十九

混沌之始，一物无有；至天地辟，无物不有；有之至极，复归于无。

自有太极，一阴一阳对待流行，相互摩荡，而后万物从此生矣，万事之变化从此出矣。一物即有一太极，一事即有一太极，人人各具一太极。

太极者，吾身本有之，以吾身所具之太极运行吾之一身，妙矣哉！以吾身之运动，任天机之往还，一刚一柔，一动一静，一阖一辟，其氣机循环无间，绘出一幅天然太极图象。以其形迹观之，所运者上下四旁皆是圆圈。

所谓太极拳，太者，大也；极者，小也；拳者，中庸也。太极拳，即是大圈、中圈、小圈氣机之循环无穷也。

其圈大而无外，小而无内。由大圈而至中圈，由中圈而至小圈，由小圈而至无圈。太极拳之功夫，以修至无圈为登峰造极。至无圈时，刚柔俱泯，一片神行。

螺旋缠丝第二十

螺旋运动，法则天地宇宙，象似日月星辰。宇宙是大螺旋体，人身是小螺旋体。

太极拳，缠法也，不明此即不明拳。古人仿太极图而创太极拳，其精华在螺旋运动，亦名之曰缠丝法。其法有进退缠、左右缠、上下缠、里外缠、大小缠、顺逆缠等。拳无缠丝法，失于太极拳之根本面貌矣！

以中炁行乎其内，以螺丝精运于周身。外形走螺旋，内精走缠丝。以外形引内炁，以内炁催外形。功到熟时，两肾旋转如热汤，膀胱内旋似火烧，肾炁螺旋通百骸。平日行拳，恒用此精，故与人搿手，此精运行，纯属自然。

古缠丝法歌诀

其一

动则生阳静生阴，一动一静互为根。
到得悟有环中趣，辗转随意见天真。

其二

阴阳无始亦无终，往来曲伸寓化工。
绝妙消息真参透，圆转随意运鸿濛。

其三

一阵清来一阵迷，阴阳循环赖撕提。

理经三昧方才亮，一片灵境奇更奇。

太极拳缠丝精图解

不明缠丝法，则不明太极拳。不修炼缠丝功，则不能得先天自然之大炁也。

三节第二十一

人之一身，节部甚繁，惟分为三节而论，可谓得其截法。

三节者，上、中、下，或根、中、梢也。

以一身言之：头为上节，腹为中节，腿为下节。

以头面言之：额为上节，鼻为中节，口为下节。

以中身言之：胸为上节，腹为中节，丹田为下节。

以腿言之：环跳为根节，委中为中节，

足为梢节。

以臂言之：肩井为根节，曲池为中节，手为梢节。

以手言之：腕为根节，掌为中节，指为梢节。

自顶至足，莫不各有三节也。上节不明，无依无宗；中节不明，满腔是空；下节不明，颠覆必生。

炁之发动，梢节领，中节随，根节催。

炁之为用，本于身而发于梢。炁不本于身，则虚而不实；炁不行于梢，则实而仍虚。

此固分而言之，若合而言之，自头顶至足底，一以贯之，何为三节之有哉！又何三节中各有三节乎!

三节之运动规矩，分而合之，合而分之，而后百骸筋节，自相贯通。四面八方，纷纷者各有所属；千头万绪，攘攘者自有其源。分者，一本而散为万殊；合者，万殊而归于一本。功到熟时，散者统之，分者合之，四肢百骸总归一炁贯通矣。

九曲第二十二

人身之骨，得于父亲。人身之肉，得于母亲。人身之关节，得于天地。

日月星辰垂象于天，风雨雷电施泽于地，春夏秋冬递运不已，一昼一夜循环无穷。人身是宇宙之缩影，关节是星球之缩影。关节之运动，通乎天地，虚实开阖，圆转摩荡，骨氣以生，生生不已。

关节之中，有所谓九曲者，实为运化转关之枢纽，学拳者不可不详辨焉。

何谓九曲？曰：上有腕、肘、肩；中有肩井、腰、臀；下有胯、膝、踝。九对关节，一线穿成。曲中求直，蓄而后发。行炁如九曲珠，无微不至；运劲如千锤百炼钢，何坚不摧？

炁以直养而无害，劲以曲蓄而有余。往复须有折叠，进退须有转换。自项至足，四肢百骸相连为一。破之而不开，撞之而不散，上欲动而下自随之，下欲动而上自领之，上下动而中部应之，中部动而上下和之。

周身节节贯串，勿使有断续处。腰为真机，贯串肢节。腰一动而无有不动，腰一静而周身皆静。腰如车轴，炁如车轮，势无所阻。

九曲歌诀

手腕肘合肩，腰臀胯膝脚。

九曲连环劲，环环腰中发。

一旦心有悟，豁然皆贯通。

虚灵歌诀

大开大阖筋骨松，肌骨膜络皆透空。

三节九曲圆转活，氣血润身五藏丰。

上虚下实中间活，虚灵在中肾炁通。

松静则柔虚则灵，虚灵之极悟太空。

三层潜能第二十三

物有本末，事有始终，知其先后之序，明其深浅之别，则近道矣。

人身定有主宰，动力定有源头。惟分三层潜能而论，可明太极运动之真谛。

三层潜能，力、氣、意也。

第一层潜能，力也，发于肌、肉，主宰于心。力者，是肌肉之外操，是所谓硬力、猛力。

第二层潜能，氣也，发于筋、骨，主宰于脑。氣者，是筋骨之外壮，是所谓氣血方刚、壮士之勇。

第三层潜能，意也，或名炁，或名劲，生于两肾，主宰于命门，流行于骨缝，遍布于全身。意者，即是真炁，法于自然，合于天地，运化周身，是所谓意炁风发。

三层潜能，亦是三"动"。第一潜能主于心，劳于肌肉，名曰劳动，伤害身体，于养生有害；第二潜能主于脑，损于筋骨，名曰活动，损耗氣血，于养生无益；第三潜能主于命门，开发两肾，名曰运动（运化之意），动起两腰，强健先天之本，体悟天人同体之理，实为养生之大道！

三层潜能之用，大不相同矣。用力则断，用氣则滞，用意则活。力、氣之用，是为刚硬武事、血氣之勇，失于太极拳之原本面目也！

外力（外氣）不舍，内意不生。力有形意无形，力方意圆，力涩意畅，力迟意速，力散意聚，力浮意深，力钝意锐。

修炼太极拳之根本，在于开发第三潜能。不用力，不用氣，纯属用意。其要义在于大舍大得。舍第一潜能，再舍第二潜能，方能自然进入第三潜能之妙境。

心在莫用心，脑在莫用脑，使两肾为第一主宰。运动出于无心，鼓舞出于不觉。意遍周身不稍滞。神意相通，意无止境，近乎道矣。

三大阶段第二十四

太极拳之修炼步骤称为三大阶段，由招熟而渐悟懂劲，由懂劲而阶及神明。循序渐进，一层有一层景致，一层有一层奥妙。

招熟第一

招熟者，招势熟透之谓也。

此为修拳之第一件大事，亦为第一件难事。何以为至难？因其至易也，故修者常忽视之。未曾入门，即欲登高；未曾学道，即欲成道。此为入道之基，须先学规矩、定根基，根基深厚，其道乃真。此阶段之要义列述如下。

其一，中正端正。

此阶段取外形方正之意，务求身法中正端正，姿势舒展大方。

其二，笔划清晰。

拳法如书法，初学盘架，须一笔一划，清晰自然，合乎规矩。

其三，大开大阖。

拳谚云：筋骨要松，皮毛要攻，节节贯串，虚灵在中。肌肤骨节处处开张，九对关节圆转灵活。以外形之開闔，引内炁之流动。

其四，快慢相间。

能快不能慢者，快拳也；能慢不能快者，慢拳也；快慢相间者，太极拳也。快练时，快而不乱；慢练时，慢而不断；功夫熟时，可快可慢，纯任自然。

其五，运劲与发劲。

运劲如行云流水，发劲如疾风迅雷。运劲时，神氣镇静，精神内敛，中正安舒。发劲时，两腰爆发，松活弹抖，劲达梢节。

其六，轻灵圆活。

一举动俱要轻灵，周身与空氣摩擦，如在空氣中游泳。轻而不浮，沉而不僵，松而不懈，圆转灵活。初为外方内方，渐至方中生圆，产生太极拳大圈功夫，方为合格。

懂劲第二

懂劲者，懂炁之谓也。知己知彼，知天地炁。

此阶段须修炼缠丝方法，培养内劲。外舍筋骨皮，内生一口炁。外虚而内动，内炁催外形。炁不动，形寂然不动；炁一动，形随之而动。此阶段之要义列述如下。

其一，修炼缠丝方法。

外形走螺旋，内精走缠丝。顺逆缠丝劲，转换才是真。以缠丝法打通先天炁道，以缠丝精贯串运动之中。

顺缠如盘丝，逆缠如抽丝。顺缠法是向心的意思，从手往腰上来，手转、腰迎、肩松、肘随；逆缠法是离心的意思，从腰往手上去，腰催、手领、肩松、肘随。两腿的缠丝亦如是，顺缠法为从脚往腰上来，逆缠法为从腰往脚上去。

初为圆中随方，渐至方圆一体。由大圈炼至中圈，由中圈炼至小圈，方为合格。

腰为核心，节节贯串。一顺一逆，互为其根。即粘即走，即走即缠。人不知我，我独知人，是为懂劲。

其二，修炼掤、捋、挤、按四正手，琢磨沾、黏、连、随四真义，戒除丢、顶、扁、抗四病。

沾黏连随何意解？

沾者，如沾衣欲湿杏花雨，沾到一起，团聚不散。

黏者，如胶似漆，黏如鱼鳔，丢之不开，投之不脱，用意不用力，劲断意不断。

连者，贯也，不断续，不脱离，连绵不断。

随者，随人之势，进退相依，不即不离，不后不先，不偏不倚，彼进我退，彼退我进，彼浮我随，彼沉我松。

丢顶扁抗何意解？

丢者，脱离之谓也。

顶者，出头之谓也。

扁者，不及之谓也。

抗者，太过之谓也。

其三，修炼十三正势，五行八卦归自然。

太极拳，亦名长拳，亦名十三势。长拳者，如长江大海，滔滔不绝也。十三势者，掤、捋、挤、按、採、挒、肘、靠、进、退、顾、盼、定也。掤、捋、挤、按，即震、坎、离、兑，四正方也。採、挒、肘、靠，即乾、艮、巽、坤，四斜角也。此八卦也。进步、退步、左顾、右盼、中定，即火、水、木、金、土也。此五行也。合而言之，曰十三势。是技也，着着势势，均不外乎阴阳，故又名太极拳。

掤如火焰，有向上之意；捋如流水，有顺势来之意；挤如风吹，有向前去之意；按如坠石，有向下之意；採如摘果；挒如磨盘；肘如放箭；靠如山崩。

掤、捋、挤、按是四正手，採、挒、肘、靠是四隅手，太极拳手之八法备焉。

进、退为水火之步，顾、盼为金木之

步，中定为中土之运化，太极拳脚之五步出焉。

肾为主宰，手运八法，足踩五行，人身之天地定焉。

十三势歌诀

掤捋挤按四方正，採挒肘靠斜角成。
乾坤震兑乃八卦，进退顾盼定五行。

太极八卦十三势图解

观太极阴阳五行，显八卦方位之象，成十三势自然之功也。

太极五行生克图解

進
火

顧   定   盼
木   土   金

退
水

退即是进，顾即是盼。

进即是退，盼即是顾。

静守中定，以静待动。

进退顾盼定，无不自然也。

神明第三

　　神明者，明神之谓也。道在眼前，万象俱明。

　　真心修法，自然成道；功夫无息，与道合真。至此境界，四肢百骸，皆化为阴阳两线。动静虚实，皆听命于真意。虚实开阖之造化不息，阴阳氣机之消长莫测。无形无象，应物自然。神意相通，意无止境。

神明歌诀之一

化面成线，化片成丝。

阴阳二丝，缠绕回旋。

阴不离阳，阳不离阴。

螺旋缠绕，意动丝动。

无力无氣，纯属用意。

有意无意，方见真意。

无物无我，无心无性。

敬静归净，自然虚灵。

肾为主宰，百骸听令。

全体透空，肾炁流行。

虚实开阖，精微巧妙。

意动形动，应物自然。

中和元炁，至柔至刚。

大而无外，小而无内。

精炼已极，极小亦圈。

小至无圈，方知神妙。

根出于一，变化无穷。

动如流水，静如山岳。

秀若处子，肆若天龙。

不滞于迹，不涩于形。

浑然无迹，妙手空空。

精勤研修，历久不懈。

愈练愈精，愈练愈微。

由微入妙，由妙入神。

精炁神合，意无止境。

神明歌诀之二

道本自然一炁游，空空净净最难求。

万法得来皆无用，形体应当似水流。

一炁运来志无停，乾坤正炁运鸿濛。

运到有形归无迹，方知玄妙在天工。

心性清净身虚灵，全身松净体透空。

人身处处皆太极，一动一静俱浑然。

上下内外与意合，中空内通虚圆空。

太极一运归两线，两线一运化乌有。

以一变而应万变，一不变而应万变。

有形有意皆非是，拳到无意始见奇。

拳法皆随天机动，有意无意是真意。

舍此真意归无极，炼到佛家一朵莲。

功夫到此仍不息，从心所欲莫非天。

九层内景第二十五

歌诀

纯阴无阳是软手，

纯阳无阴是硬手，

一阴九阳根头棍，

二阴八阳是散手，

三阴七阳犹觉硬，

四阴六阳类好手，

五阴五阳虚实分，

六阴四阳寓刚柔，

七阴三阳通浩炁，

八阴二阳悟太空，

恒有九阴归一阳，

空空无迹称妙手，

妙手一运一太极，

太极一运化乌有。

解曰

由一阴九阳修炼至三阴七阳，是入门阶段，谓之招熟。初学者多尚拙力而无灵劲，因其关节无开阖也，故或为软，或为硬。通过习拳走架，圆活关节，化解僵拙，去其滞氣，为太极拳之虚实开阖奠定基础。

由四阴六阳修炼至六阴四阳，是登堂入室阶段，谓之懂劲。以缠丝精贯串于行拳之中，处处不离太极拳之圈，由柔筋活节而至接骨斗榫。使关节之开阖，松而不懈、合而不僵、不丢不顶、松活圆转。使周身之运动，无有平面、无有直线、无有断续处、无有凹凸处、无有抽扯之形、无有提拔之意，浑然一圆，方为拳规，而渐悟懂劲。

由七阴三阳修炼至九阴一阳，是炉火纯青阶段，谓之神明。此身修到无身处，此心修到无心处，此性修到无性处，达于无物无我之境。无极而生太极。两腰即是太极，太极即是两腰。以两腰之内动主宰全身之运化。正是神穆穆，貌皇皇，氣象浑沦。虚灵具一身，万象藏五蕴，寂然不

动若愚人，阴阳结合在吾身。形神俱妙，
与道合真。

大舍大得第二十六

为学者日益，为道者日损。损之又损，以至于无为。无为而无不为。

修行之方法，在于大舍大得。得到第一层妙境，舍去，方能进入第二层；再舍去第二层，自然进入第三层。舍一层，妙一层，层层妙无穷。

大舍大得，小舍小得，不舍不得。

然人之通病，皆不敢舍。虽练就至大至强功夫，谬太极之道远矣！

大舍歌诀

太极妙境九九层，精微奥义难言传。

一层各有一层妙，层层意境各不同。

差之毫厘谬千里，大舍大得始见真。

大苦大甜第二十七

初学拳者，大多肌肉不舒展，筋膜不柔顺，骨节不对正，氣血不畅通，疾病丛生。

修习太极拳之过程，使此身由不通而畅通，由后天而返先天。须经历柔筋活骨而至节骨斗榫，分筋错骨而至骨肉分离，脓胞疮痒而至排毒湿氣，以及酸疼肿痛等难以言说身体之苦。

通则不痛，痛则不通。何处不通，何处有苦。大不通时有大苦，大苦时尤须大练，则其苦自消。古人亦有三肿三消之说。

惟历经诸般之苦，得以肌肉舒开，筋膜和顺，骨节养正，氣血润身，全体通透，中炁流行，青春常驻。

大苦大甜，小苦小甜，不苦痛苦。

苦非苦，苦中甜。

大苦歌诀

修行九九八一难，一难自有一难缘。

历经磨难志不移，脱胎换骨赛神仙。

身法要义第二十八

中正端正第一

中正，天地间之一线；端正，海平面之一线。中正端正，然后可培养吾身之正炁运化。

中正端正之真义，乃是曲中求直。外形须正而不挺，直而不僵，须有虚领自然之意。内里中和元炁，浑然流行，充塞天地。

全身百骸曲伸开阖，历经复杂曲折运化，然后节节贯串，一炁贯通，其过程犹如穿针引线。

十年炼功，十年修正道；百年炼功，百年修真谛。

虚领顶劲第二

头为六阳之首，亦为一身之主，五官百骸莫不体此为向背。

顶劲即是百会穴。百会虚领，若有意，若无意，不轻不重，不过不及。顶劲不可领过，过则头容僵直，上重下轻；不可不及，不及则中氣倒塌，四肢无依，精神不振。

百会与天相合，领住全身，须有虚灵自然之意。

含胸塌腰第三

含胸者，膻中要虚虚内涵，如四面包住，却不紧闭，是所谓胸虚如磬。胸忌外挺，外挺则氣脉不通，横氣填胸，脚跟上浮，重心不稳。将胸中横氣卸至脚底涌泉穴，是为上虚下实。

腰为一身之中节，上下枢纽转关处，不可软，亦不可硬。腰贵塌下、贵坚实。腰劲下，氣亦下，两足稳固若磐石。腰贵松活、贵圆转，腰为车轴炁似轮，两腰圆转运化真。

松肩沉肘第四

松肩者，打开肩井，肩膊头骨缝松开，使肩下垂。

沉肘者，打开曲池，肘关节骨缝松开，使肘下坠。

肩、肘乃肱之枢纽。若肩不能松、肘不能沉，则心氣上浮，劲不能达于梢节，转换亦不灵动。

须从肩井、曲池处松开，方算得開。始则不開，不可使之强开。功夫未到自开时，感觉已開，究竟未開。必用功日久，自然松开，方算得开。

绵臂歌诀

空肩绵臂两膀松，两手两肾悉相通。

两膊如鞭系腰上，天机动荡活泼泼。

腰催肩催肘催手，无所滞碍风吹柳。

走三节，行四梢，曲伸阖闢任自由。

曲膝松胯第五

曲膝者，膝关节要松开，对正，上下相扣，阁住劲，是为曲膝，亦为阁膝。须知用后不用前。前面的膝盖骨须要放松，后面的委中穴须要着意，两腿缠丝劲之转换系于此处。须知曲膝与弯膝之区别。曲膝是内里的意思，上下骨节对正、相阁，使氣机畅通。弯膝是外形的意思。太极拳修内不修外，修习者尤须详辨焉。

松胯只在一环间，内环、外环、前环、后环皆松活圆转，谓之松胯。松胯不在两腿根岔開之大小，盖有一丝之微亦算得開；不会開胯者，腿虽岔開三尺宽，亦不算得開。胯为腰与腿脚之重要枢纽。胯不松者，全身之运动皆受牵连；胯能松者，腰劲通于两腿、沉于两脚，裆劲撑圆，尾间下扎如秤锤。下盘稳当，上盘灵动，纵放曲伸，全无滞碍。

不明曲膝、松胯者，腰腿之功未悟

尔，必不能得机得势。

溜臀圆裆第六

溜臀者，臀向内收敛、沉着，使立身中正。臀周围关节皆要松开，使尾闾正中。尾闾正中神贯顶，满身轻利顶头悬。

裆贵圆、贵虚，虚虚阁住，不可夹裆、尖裆。裆圆则下盘稳当，裆虚则转换灵动。裆内自有弹簧劲，灵机一动鸟难飞。

拔背第七

脊背舒开，大椎与尾闾上下对拉，中

氣贯足，氣贴于背，劲由脊发。若问拳中真消息，须寻脊背骨节中。

下颌内收第八

下颌内收，使头容中正。问尽天下众英豪，无一下颌往外抛。

上三门閉第九

嘴唇微闭，水道通。

牙齿轻阁，通精道。

舌抵上颚，氣道通。

三心要虚第十

前胸膻中要虚，形如磬。

手心劳宫要虚，似瓦拢。

脚心涌泉要虚，上弯弓。

身形腰顶第十一

身形腰顶岂可无，缺一何必费工夫。

腰顶穷研生不已，身形顺我自伸舒。

舍此真理终何极，十年数载亦糊涂。

一身备五弓第十二

吾身完备五张弓，两膊两腿与腰脊。

大弓张，五弓张；大弓翕，五弓翕。

五弓总归是一弓，节节贯串得其中。

六翕第十三

外三翕者，行于外也。肩与胯翕胯为主，肘与膝翕膝为主，手与足翕足为主。

内三翕者，蕴于内也。心与意翕意为先，力与氣翕氣为先，筋与骨翕骨为先。

内外之六翕，总须归于内翕矣。

手眼身法步完整第十四

手

手指领劲行缠丝，梢节通透妙无穷。

眼

眼随主手运劲明，六道神光归于主。

身

上中下一气把定，身手足道法规矩。

法

拳由脊发，以身催手。肾炁一发，四

肢皆动。足起有地，转动有位。或沾黏连随，或腾闪折空，或掤将挤按，或採挒肘靠。两腰为主宰，全身随之皆备动。

步

千变万化由我运，下盘两足定根基。
活与不活在于腿，灵与不灵在于步。

道在脚下第十五

四肢百骸主于动，坚实根基在两脚。
脚踏实地忌轻浮，天道地道人道合。

体用妙法第二十九

歌诀

行拳练线不练片，

掰手打点不打面。

行拳一人似两人，

掰手两人似一人。

解曰

练拳不掰手，拳架不能走。太极拳以行拳为体，以掰手为用。行拳，是知己功夫；掰手，是知己知彼功夫。

掰手是致用之法，可检验平日行功之

正误，若不能得机得势，便是平日练功有缺陷处，须于虚实开阖中求之。

行功妙诀第三十

拳练万遍，神意自现。尤须大舍大得，切勿重复往日功夫，切勿累积往日功德，否则徒增外功，难窥太极堂奥。尤须谨记：不离规矩，每遍拳俱是全新景象。

勿动心，勿动脑，动起两腰才是真。虚灵顶劲，氣沉脚下，中正端正，八面威风。不用力，不用氣，纯属用意。拳随意发，以身催手，以手领身。拳由肾出，肾一动百骸皆动，肾一静百骸皆静。伸要伸得尽，曲要曲得紧。曲如捲砲，崩炸有劲。

手眼身法步，总须完整一氣。一举动俱要有根源：起于脚，发于腿，主宰于腰，行于手指。一身之劲，练成一家。两肩两胯，四大皆空；两肘两膝，四大皆松；两腕两踝，四大皆活。由脚、而腰、而手，完整一氣，勿令有丝毫时差。

所运者皆是圆，不圆不是拳。要想练好拳，必把圈练圆；要想拳练好，必把圈练小。外形走弧线，内劲走缠丝。以腰为轴，缠绕圆转。化片成线，逐渐产生极柔和又极坚刚、极沾黏又极灵活之缠丝劲。起初有如棉花裹铁，外柔内刚。练到精微之时，犹如绵里藏针，意动即有，意静即无。正所谓："行拳练线不练片"。

一举动俱要轻灵，尤须贯串。周身与空氣摩擦，如在空氣中游泳。迈步如临渊，运劲如抽丝。蓄劲如张弓，发劲箭离弦。形如搏兔之鹘，神如捕鼠之猫。曲中求直，蓄而后发。

太极拳，运中炁之法门也。修到太极拳炼我，非我练太极拳。须知：人人各具一太极，但看用功不用功。凡此皆在内，不在外。在外，则身形呆板，氣势散漫；在内，则能随转随接，松活圆转。不强用力，全体放松，以内催形，周身自然相随。正所谓："行拳一人似两人"。

虚实宜分清楚，开阖宜运得灵。一处自有一处虚实，处处总此一虚实。往复须有折叠，进退须有转换。上虚、下实、中间活。手领、腰催、脚抓地。周身相随，变换在腰。劲由脊发，节节贯串。动为开，为放，为发；静为阖，为收，为蓄。动势即是阖中开，定势即是阖中阖。阖中阖则神炁鼓荡，阖中开则神炁运化，开中开则神炁外散。差之毫厘，谬以千里，修行者不可不详辨焉！

古十三势行功诀

十三总势莫轻视，命意源头在腰隙。
变换虚实须留意，炁遍身躯不稍滞。
静中触动动犹静，因敌变化示神奇。

势势存心揆用意，得来不觉费功夫。

刻刻留意在腰间，腹内松净炁腾然。

尾闾正中神贯顶，满身轻利顶头悬。

仔细留意向推求，曲伸开阖听自由。

入门引路须口授，功夫无息法自修。

若言体用何为准？意炁君来骨肉臣。

详推用意终何在？益寿延年不老春！

歌兮歌兮百四十，字字真切义无疑。

若不向此推求去，枉费功夫贻叹息。

掋手妙境第三十一

古人云：能引进（劲）落空，则能四两化千斤；不能引进（劲）落空，则不能四两化千斤。

两人交手，须要舍己从人。从人则活，由己则滞。圈外引人，圈内发人。太极阴阳劲，缠绕劲落空；日套三连环，环环落虚空。大圈接劲，中圈借劲，小圈还劲。以缠丝精接入彼劲，而人不知。即引即缠，即进即缠，即引即进。顺人之势，借人之力，还彼之身，发点成刚。正所谓："掋手打点不打面"。

须在沾黏连随上掏消息。彼之力方挨我皮毛，我之意已入彼骨缝。两手如衡，量来势之强弱，秤彼劲之短长，察转关之机会，分毫无差。不丢不顶，不后不先，随人之势，进退相依。人不知我，我独知人。接定彼劲，彼自跌出。至迅至疾，至敏至灵。突如其来，人莫知其所以然，只觉如洪水冲垮大堤、烈风摧枯拉朽之势。故云：太极拳不打人，太极拳使神鬼都害怕。

视静犹动，视动犹静。彼不动，己不动；彼微动，己先动。静如山岳，动若雷霆。逢顶必转，逢转必沉，逢空必填，逢静必虚。滑如冰凌，黏如鱼鳔。无过不及，随曲就伸。刚柔相济，适得其中。似松非松，将展未展。形断意不断，劲断意相连，以不见形为妙。正所谓："搿手两人似一人"。

至于身法，弥加慎重。立身中正，运化八方。骨节要对，手眼要活，脚步要灵，心要清净。肾炁一发，四梢皆动。足起有地，转动有位。进退顾盼，身手不凡。动开静阖，切勿散乱。虚实转换，蓄发相变。我守我疆，切莫出界。来脉得势，转关何难？真修一思进，莫练一思退。运用之妙，用意而已。朝朝运化，久而自然。

古稀手诀第三十二

四正秘诀

弸挒挤按须认真，上下相随引人进。

任人巨力来打我，牵动四两化千斤。

引进（劲）落空合即出，沾黏连随不丢顶。

八法心诀

弸挒挤按天下知，採捌肘靠更出奇。

腾闪折空世间稀，闪惊巧取奇更奇。

沾黏连随是正道，虚实開闔乃是真。

连环诀

太极三圈九连环，环环发于腰隙间。

进圈由大转至小，退圈由小转至大。

愈转转至无圈处，方归太极真神妙。

圈内引劲合即出，圈外黏依跟得灵。

即引即进即缠绕，环环相变有无生。

极柔极刚极虚灵，运若抽丝处处明。

梢节领劲妙无穷，两头卷曲定乾坤。

柔为长线主运化，陷彼深入乱环中。

刚为针尖待机动，点发点落旋虚空。

一抚一提掌中缠，一收一放腰腿求。

占住中定不离位，上下来去任自由。

环环相扣三生万，三环归一是真功。

有意无意是真意，须在环中求消息。

只要功久能无间，解开其理妙如神。

身手要诀

身似弓身劲似弦，人如的兮我如箭。

腰如火药手如弹，灵机一动鸟难逃。

前探一丈不为远，近身只在一寸间。

发步进入须进身，身手齐到是为真。

手到身不到，化敌不得妙。

手到身亦到，化敌如催草。

脚踢拳打下乘功，妙手无处不浑然。

任他四面皆是敌，此身一转悉颠连。

我身无处非太极，无心成化如珠圆。

遭着何处何处化，我亦不知玄又玄。

授受第三十三

　　是经得之于道门，精微奥义，有不可言传之妙。

　　德不修者不与之，名利重者难成之，得宝忘师者不传之。

　　无论亲疏远近，所传者贤也！

　　故慎密之，慎择之，慎传之。

师　承

老子

道祖

老子传

老子者，楚之苦县厉乡曲仁里人也。生而皓首，故称老子。姓李，名耳，字聃，周守藏室之史也。

孔子适周，将问礼于老子。老子曰："子所言者，其人与骨皆已朽矣，独其言在耳。且君子得其时则驾，不得其时则蓬累而行。吾闻之：良贾深藏若虚，君子盛德，容貌若愚。去子之骄氣与多欲，态色与淫志，是皆无益于子之身。吾所以告子，若是而已。"

孔子去，谓弟子曰："鸟，吾知其能

飞；鱼，吾知其能游；兽，吾知其能走。走者可以为网，游者可以为纶，飞者可以为矰。至于龙，吾不能知，其乘风云而上天。吾今日见老子，其犹龙耶！”

老子修道德，其学以自隐无名为务。居周久之，见周之衰，乃遂西去。至关，关令尹喜望见有紫氣浮关，而老子果乘青牛而过也。关令尹喜曰：“子将隐矣，强为我著书。”于是老子乃著书上下篇，言道德之意五千余言而去，莫知其所终。

老子者，古之博大真人也。无为自化，清净养正。盖老子百有六十余岁，或言二百余岁，以其修道而养寿也。

陈卜

陈氏家族始祖

陈卜传

陈卜者，陈氏家族始祖，原籍山西晋城泽州郡东土河村。明洪武五年，携眷迁居山西洪洞县。洪武七年，迁居河南怀庆府。为人忠厚，精通拳法，深受乡邻敬重，故称其居处曰陈卜庄。后因陈卜庄地势低洼，常受涝灾，故又举家迁居河南温县城东十里常阳村。

常阳村，南临黄河，北依太行，旱涝保收。村内有一条南北走向的深沟，随着家族人丁繁衍，遂易名为陈家沟。

当时匪类甚多，扰劫村民。始祖夙精

拳术，慨然奋起，率子弟及村中少壮，保卫桑梓，地方得安。于村内设武学社，教授子孙，广传其技，时望所归。民国廿二年《温县志稿》载："县东陈家沟之拳术，在明时已著名。"

陈王廷

太极拳祖师

陈王廷传

陈王廷（1600—1680 年），字奏庭，陈氏第九世。依家传拳术与自修体悟，自然演化而创太极拳。后世奉为太极拳祖师。

公天生英豪，拳尤高超，明末为武庠生，清初为文庠生。崇祯年间，公应试武举，一马三箭，三马九箭，惊射"凤夺巢"。曾降服河南登封玉岱山巨寇李积玉，只身入山，众不能敌，一寨惊拜投焉；后在山收孝子蒋发为弟子，授以真传，负名当世。公年老，绘一肖像，蒋发侍立，用示后人，至今像存祠中。

陈王廷坐像

（弟子蒋发握大刀侍立）

公文事武备皆卓越于时，创太极拳。晚年退归岩穴，传授弟子儿孙修身习拳。自此，陈家沟世代修炼太极拳，名家辈出，历久不衰。

遗《长短句》一首，可略窥公之生平。其词云：

叹当年，披坚执锐，扫荡群氛，几次颠险！蒙恩赐，枉徒然；到而今，年老残喘，只落得黄庭一卷随身伴。闷来时造拳，忙来时耕田。趁余闲，教下些弟子儿孙，成龙成虎任方便。欠官粮早完，要私债即还，骄谄勿用，忍让为先。人人道我憨，人人道我颠。常洗耳，不弹冠。笑煞那万户诸侯，兢兢业业不如俺。心中常舒泰，名利总不贪。参透机关，识破邯郸。陶情于鱼水，盘桓乎山川。兴也无干，废也无干。若得个世境安康，恬淡如常，不忮不求，哪管他世态炎凉？成也无关，败也无关。不是神仙，谁是神仙？

又遗《拳经总歌》一首，可略窥拳之堂奥。

纵放曲伸人莫知，诸靠缠绕我皆依。

劈打推压得进步，搬摞横採也难敌。

钩弸逼揽人人晓，闪惊巧取有谁知。

佯输诈步虽云败，引诱回冲致胜归。

滚拴搭扫灵微妙，横直劈砍奇更奇。

截进遮拦穿心肘，迎风接步红炮捶。

二换扫压挂面脚，左右边簪庄根腿。

截前压后无缝锁，声东击西要熟识。

上拢下提君须记，进攻退闪莫迟迟。

藏头盖面天下有，攒心剁胁世间稀。

教师不识此当理，难将武艺论高低。

陈长兴

太极拳第六代

陈长兴传

陈长兴（1771—1853 年），字云亭，陈氏第十四世，太极拳第六代传人。

公早年以保镖为业，走镖豫鲁，享有盛名，沿途响马皆闻名丧胆。

公擅拳法，得其父秉旺亲传，艺精入神。其拳势立身中正，不偏不倚，落地生根，稳如泰山。矗立千百人中，无论众人如何拥挤，脚步丝毫不动，近其身者，如水触石，不抗自颓。行止端重，一举一动，尽循拳理，时人赞曰"牌位大王"。后人称其拳势为太极拳老架（大架）。

公首将陈氏家族独得之秘太极拳授予外姓，即河北广平府（永年）杨福魁字露禅。杨露禅在陈家沟学艺 18 年，后在京城创编杨氏太极拳，颇著事迹，而溯其成名，仅得陈氏拳学之一体。

公文武双全，著有《太极拳十大要论》、《战斗篇》、《用武要言》等，尽述太极拳法要义。

陈照丕

太极拳第十代

陈照丕传

陈照丕（1893年4月8日—1972年12月30日），字绩甫，陈氏第十八世，太极拳第十代传人。

公幼承家学，拳法精妙，艺冠当时。一生历经清末、民初和"文革"，历尽坎坷，极具传奇色彩。青年时尝游秦、陇、直隶等地传授拳学。后返籍，在温县国术社任教。

1928年，应北平著名国药店同仁堂掌柜乐佑申、乐笃同兄弟之邀，赴北平传授太极拳。当时，河南同乡会的清末翰林院大学士李庆临，以太极拳发源于故乡为荣，投书《北平晚报》广为宣传，文称："太极拳发源于河南温县陈家沟，陈王廷、陈长兴等诸先辈拳术早已声震全国，今有陈长兴四世孙照丕漫游到平，暂下榻南门外打磨场杜盛兴号内，如有爱好，莫失之交臂，悔之莫及。"一时间，来访切磋者应接不暇。公于是在宣武楼立擂，17 天未遇敌手，声誉大震。北平市政府、中国大学、朝阳大学等竞相聘请。原汁原味的陈家沟陈氏太极拳始传播于京城。

1930 年，受南京市长魏道明之特别邀请，赴南京传授拳学，兼任中央国术馆名誉教授。

1937 年，在抗日将领范庭兰麾下，教授战士大刀功夫及近战本领；亲率敢死队出生入死，战斗在第一线。

1940 年，往洛阳，任第一战区司令部、河南省教育厅、河南省直接税务局国术教练。

1942 年，受张含英之邀到西安，在黄河水利委员会任武术教官（张含英时任黄河水利委员会委员长，新中国成立后任国家水电部副部长，长期坚持练习陈氏太极拳，享年 102 岁）。1945 年抗战胜利后，随黄河水利委员会东迁至古城开封。

1948 年，开封解放，一面参加革命工作，一面继续教授太极拳。当时，著名京剧表演家梅兰芳登门求学，遂传授其一套高超优美的坤剑术，深受戏迷喜爱。

1958 年，因见家乡贫穷，练拳者寥寥，公深恐太极绝学后继无人，故毅然返乡，全心全意教授弟子儿孙修习祖传拳学，使宝贵的陈家沟太极拳老架绝学得以传承下来。

同年 3 月，河南省武术表演赛在郑州召开，荣获太极拳第一名。1960 年，全国武术表演大会在郑州召开，荣获"全国太极拳名家"称号。1964 年，当选为中国武术协会委员。

公文武皆备，上承祖业，下启后人。为太极拳之传承呕心沥血，是近代承前启后、继往开来之一代太极宗师。著有《陈氏太极拳汇宗》、《太极拳入门》、《陈氏太极拳理论十三篇》等，阐述太极拳理论之精奥。

遗诗二首，可略窥公之生平。

其一

披星戴月五更天，起床练习太极拳。

世人不知余心意，八旬老翁学少年。

我练拳术数十载，冒犯寒暑风雪天。

鸡鸣起舞数载月，单衫短裤不着棉。

行人观看如绝倒，笑我古稀学少年。

打拳不知老将至，名利于我如云烟。

但愿服务为人民，提供爱好同钻研。

百花齐放照耀下，拳术发挥如霞灿。

漫云七十古来稀，余今八十兴不萎。

老古跌岔能铺地，二起双脚腾空飞。

老当益壮从何起，朝朝苦练偷天机。

世人不识太极妙，变化无穷奇更奇。

若问此技中何用，强身健体为人民。

其二

大梦谁先觉，武场人独眠。

樵楼三鼓响，练剑斩寒光。

汗流如春雨，冬天变伏天。

猜透太极妙，赛似活神仙！

附　录

北大法学院松泉法太极团队
练拳体悟心得

弘道养正

——传统正宗陈氏太极拳进入学府

2011 年金秋之际，我结缘师父于燕园。当年我任职法学院副院长，主管行政、财务，发现院里不少的教职工工作繁重、身体堪忧，有些老师患病住院，看望他们时感受到生病的痛苦。于是我产生了带领教职工锻炼身体的想法，在院长支持下，其他同事积极响应，我们建议学太极拳，聘请传统太极拳的大师传授。经过朋友推荐，初识了师父，即杨松泉大师，陈氏太极拳第十一代传人，北京陈家沟太极拳培训中心总教练。开始我对太极拳不甚了解，师父一席话让我产生对太极拳的向往。师父说，劳动、活动、运动之间有别，劳动很光荣但太损害身体，活动是体育项目，争取荣誉但消耗血汗，太极拳才是运动，养身体开发第三潜能；师父说，太极拳博大精深，是哲学的内涵、美的构造、音乐的韵律；师父说，太极拳基于道家学说，太极拳道法自然，道区别于释、儒，释为无，儒为有，道为有无相生；师父说，太极拳是内拳，养生、艺术、竞技三大功效融为一体。

开班初始，师父用三分钟左右展示了完整陈氏太极拳老架一路七十六式，完全让我们折服，行云流水、气势磅礴，达到无与伦比、引人入胜的太极境界。授课时，师父为我们讲授拳法和心法，耐心、细心、精心教导我们。我们从一笔一画开始学，跟着师父的足迹，慢慢进入太极拳的世界。在燕园的13年寒暑春秋，师父播撒种子，我们深入学习一路、二路、推手、剑等器械，陈氏太极拳在最高学府中生根、开花、结果。这么漫长的时间，比本科、硕士、博士加起来的学制更长。师父坚守，用心浇灌，常历常新，但不变的是陈氏太极拳的原汁原味。贵在坚持，长期不懈，我们通过太极拳习练，实现修身与养性相统一，于个人能强身健体、陶冶身心；于社会能增进交流、维护和谐；于国家能增强文化自信、树立良好风气。

2016年底，我院举办新年联欢会，老师们表演太极拳，非常精彩，以诗为证："新年联欢夜，燕园有传奇。法苑众师聚，同心演太极。老架一路领，高山流水依。再看二路随，炮捶劲自溢。剑如游龙走，精丝传灵犀。师传五载余，今朝话奇迹。太极乃国宝，阴阳绎神意。看似四两力，能把泰山移。中正乃其道，久习人心齐。感恩吾师杨，日渐成大器。体健心亦养，和谐氛围颐。又逢元复始，万象更新奕。祈我法学院，事业日千里！"

太极拳事业不断深入，我们经过初级、中级阶段的习练，现在已经到高级阶段，正沿着弘道养正的至简大路迈进。师父亲手为我们捏架，从心法上让我们开悟太极拳的真谛。师父经常开导我们，他说："太极本无极，无极生太极。练拳须继续'大舍'，方能'大得'。""绵里藏针、九阴一阳是真经、上下相随引人进，是修炼太极拳的真言。""练太极拳如同穿针引线绣'牡丹花'。身如线，手如针，通过无数个小圈绣出了完美的一朵美观、宏伟、圆润的'牡丹花'。""用意行拳，开发第三潜能，是使身体饱满、脱胎换骨的要诀。""有心练到无心处，方知太极真神妙。有意练到无意处，方知太极天地功。"师父多次强调我们练拳练新拳。师父常常提到的"新"，让我茅塞顿开。我的体会是：百会领起，身形中正，脚起腿发腰转行梢，时针、分针、秒针同步，大圈、中圈、小圈一致，外拳、内拳、意拳结合。感觉还有比较大的差距，我每天对照差距，每次练拳慢慢接近，这就是"新"。总之，拳练万遍，神意自现，这就是传统太极拳的历久弥新、珍贵之处。

我们是师父的弟子，作为第十二代传人，应当传承陈氏太极拳，发扬光大。2019年11月29日，我院工会主办首届照丕太极文化研讨会，嘉宾、朋友、师父热情致辞，我们踊跃发言，欢聚一堂，分享老太极的精髓。我们参加各种层次的太极拳比赛和表演，展示传统太极的魅力。我们的一些老师，在国外讲学和研讨会之余，坚持修习太极拳，太极文化传遍五湖四海。

正本清源。通过习练传统太极拳十几年，我们以切身的体会感受到传统太极拳的珍贵，同时也清楚地看到社会仍然对太极拳存在一定程度的误解：有的人以为太极拳是老年人运动，殊不知婴儿落地本是太极，师父从4岁开始，在外公照丕公身边得亲传，"照丕公栽一劲松，顶天立地傲苍穹。得祖真传勤修炼，终成金刚太极尊"；有的人以为太极拳是慢拳，殊不知太极拳是快慢相间，"先慢后快，快而复慢，有慢有快，快生慢养"；有的人以为太极拳伤膝，殊不知太极拳是圆润运动，非但不伤膝，反而养膝，"腰似蛇形腿似钻，周身运动走螺旋。滑如冰凌黏如鳔，轻似棉花硬似铁"；有的人以为太极拳是花拳绣腿，殊不知太极拳虚实开阖、刚柔相济，"掤捋挤按须认真，上下相随引人进。任人巨力来打我，牵动四两化千斤"。……太极拳世界有无数的奥秘，需要我们探索；只有知错改错，才能修成正果！

感恩师父，感恩传统太极拳！

汪建成

2023 年 5 月 25 日

认真学习"真太极"

　　太极拳是人类非物质文化遗产，习练太极拳是对中华传统文化的重要传承。自 2011 年以来，我院数十位同事跟随杨松泉大师学习太极拳，大家不仅身心更健康，对宇宙、生命和人生也有了更深刻的感悟。

　　学拳伊始，杨松泉大师就告诉我们，太极拳才是真正的"运动"，只有习练真正的太极拳，才能实现大健康的目标。杨师父对每个学员都亲自指导，及时传授重要的"心法"，使大家真正感受到了"真太极"的魅力。

　　杨松泉大师自幼得到一代宗师陈照丕先生亲传，并将真正传统正宗的陈氏太极继续发扬光大。认真学习"真太极"，就能够在阴阳、虚实、开阖中理解自然与社会，感悟"无处不太极"，并在历史传承中实现人的全面发展。

张守文

2023 年 5 月 12 日

师说：静、净、敬

　　跟随杨松泉师父习拳已经八年了。师父讲过许多的拳理，听后茅塞顿开，醍醐灌顶。言语越简单，道理越深奥。印象最深的是师父说，习拳要做到：静、净、敬。随着习拳时间的积累，越来越能体会到这三字的深意。

　　静。大千世界，熙熙攘攘。有什么能让身心都静下来，太极若不是唯一，也是位列第一。太极能让人的身体先静下来，然后再把柳絮般四处飘荡的心抓住，静静地放到拳上。渐入身心俱静的状态。静，开启太极之门，一个贯通天—地—人的美妙世界就出现了。

　　净。生于尘世，长于尘世，归于尘世。但是太极却可以让人进入虚灵、无处染尘的境地。至少在习拳之时，清空杂念，贯通天—地—人，进入并畅游于太极纯净之境。

敬。八年习拳，越来越敬仰太极、敬佩师父。太极道理千千万，练到身上才是真。虽然仅得一二皮毛，但身心俱益。年过五旬开始习拳，蒙师父不弃，实为人生大幸。杨松泉师父立身如松柏刚正，为人如清泉至清至纯，拳艺出神入化。师父的一招一式、提点和解说，看似平常，但细细品来都饱含深意，让我受益匪浅。敬仰太极之深、之妙。敬佩师父之真、之诚。

静是术，是起点。净是状态，贯穿习拳的时时刻刻。敬是道，只有真心的敬仰、佩服，才能听得进，练得出，也更容易入静、得净。这三个字，三位一体。师父说的静、净、敬，道出了习拳真谛。

宋 英

2023 年 5 月 22 日

脚踏实地　修炼太极

　　陈氏太极拳源远流长，传承清晰，兼具理论之深与实践之长。古老的陈家沟孕育了优秀的太极文化，大师辈出，太极甘霖惠及四野八荒，师父杨松泉就是代表之一。

　　跟随杨松泉师父学习和修炼陈氏太极已逾十载，虽未小成，但也逐渐得窥陈氏太极堂奥。师父常说，有心练到无心处，方知太极真奇妙。吾不求功夫多高，亦不求推手胜过他人，仅愿每天在树荫下，脚踏实地，修炼太极。观白云，沐清风，松吾身，静吾心，感觉天地之间，本来无一物，尘埃归尘埃，我自修太极，太极之意与劲或可悄然而至矣。

　　这种感觉，或许可用苏轼游富春江时写下的《行香子·过七里濑》描述。"一叶舟轻，双桨鸿惊。水天清，影湛波平。鱼翻藻鉴，鹭点烟汀。过沙溪急，霜溪冷，月溪明。重重似画，曲曲如屏。算当年，虚老严陵。君臣一梦，今古空名。但远山长，云山乱，晓山青。"

刘银良

2023 年 5 月 16 日

太极十余年

跟随杨松泉师父学拳已十余年光景。杨松泉师父"光而不耀"，功名深藏。

生活之中，"概不外壮欺弱、慢让快"，"有力打无力、手慢让手快"。通过修炼太极拳，能够以弱胜强，以柔化刚，这是大多数人学拳的初衷。

从学拳之始，师父就反复讲：练拳不要讲功德。练拳时要丢、要舍、要柔、要虚、要空；推手时要给、要随，要满足对方、要舍己从人。

追根溯源，太极思想来自《易经》："坤至柔而动也刚"；经《道德经》逐渐展开："天下之至柔，驰骋天下之至坚"是手段，"知其雄，守其雌"是境界，"善利万物而不争"才是最终目的。

如果说这十余年稍有收获的话，就是平日里越来越愿意"绕着墙根儿走"。但自己领悟能力有限，胜负、比较之心不时还会出现。希望跟着师父继续修

炼，能够逐渐体悟到"为无为，事无事，味无味"的
无极状态。

王　成

2023 年 5 月 3 日

循天地之道，修身心之善

我是 2015 年开始跟着杨松泉师父学习太极拳的。刚开始纯粹为了锻炼身体，改善自己的亚健康状态。随着学拳的深入，我不仅身体得到了改善，心性也得到了滋养。

在学习的过程中，我经历了很多磨难，其中有一点印象特别深刻。那就是每次练拳结束后都感觉大腿很累，好在我没有放弃，经过半年的坚持练习后，情况就好转了。更重要的是，我的身体状况也整体有了明显好转，亚健康状态得到了极大改善，甚至过去严重的椎间盘问题也得到了缓减……回想过去，我经常感觉身体疲乏，椎间盘问题严重的时候甚至只能趴在床上工作。如今这些巨大的改善，让我得到了极大的鼓舞！

通过练习太极拳，我感觉到它和其他运动方式非常不同。一个直观的感受是，其他体育锻炼（比如跑步、打球等）结束后，如果不做充分的整理、放松，身体就会非常劳累、疲乏，甚至之后的两三天都缓不过来；但练完太极拳之后，当时可能会感觉有一点累，但很快就会觉得神清气爽、精神抖擞……因此，太极拳在健身、养生方面有着非常好的功效。根据我个人的真实体验，自我习练太极拳以来就几乎没有看过医生。有时候我甚至想，如果全国人民都能习练太极拳，是不是我们国家的医疗支出就可以削减一大半，而且个人和家庭的生活质量也会有大的提高呢？

　　除了身体上的变化外，我的心性上也有了一些变化。以前遇事很容易着急，现在则要更加从容。这其中除了年纪增长的因素外，太极理念的熏陶也是非常重要的。太极心法讲究随曲就伸，顺其自然，这不仅适用于太极拳的习练本身，其实也适用于日常生活的为人处事，甚至是治国理政。如果太极的精神和原理能够充盈于我们的社会和生活，也许就会减少很多戾气和荒谬，会增加很多和谐与美好！

李红海

2023 年 6 月 2 日

太极拳是人生修炼

太极拳是人生修炼，是通往"道"的身心与智慧修炼。通过书本的学习可以掌握套路性的知识，要达到智慧通达，却在万卷书之外，还需万里路的磨炼。

修炼本身即是知行合一的实践。太极拳是体悟道的重要门径之一。个体小我与自然大我的和谐统一是为道。

自幼喜好绘画，觉得古画论所云甚是："画者诗之余，诗者文之余，文者道之余。"绘画"以形媚道"，"文以载道"，而太极拳通过修炼以明道。当今能言善辩塾师难能者众多，但明心见性达文心正途却是寥寥。

有幸于燕园跟从师父研习太极道法十数年。每每聆听师父讲授太极拳原理如醍醐灌顶，每每有幸向师父请教推手都能体悟神秘莫测的太极幻化之力。蒙师父不弃和诸位师兄、师姐们常常提携关爱与鼓励，得以庶竭驽钝坚持修习。修炼太极，体悟道法，更参悟人生至理之道。

太极讲圆融的缠丝螺旋之劲，环环相扣。一动腰先动，而根起于脚下，周身关节随之运转，上下相随，完整一氣，通融圆浑，无一滞结。

太极推手的单人练习，上下左右阴阳顺逆分明，一人练功如同两人。一人是有形的小我，一人是无形的太极拳。以无形的拳，练有形的我，其妙无穷。

太极的双人推手，沾黏连随，两人听劲互动，随动如同一人。即便其中一人倒地，也是螺旋丝扣的融合，于有无相生处螺旋运动，而非力量的对抗。

书画何尝不是循着此理，于白纸空无处，能造妙有。皆须从心斋坐忘处免除贪嗔痴执，寻源本真的初心。

陈　浩

2023 年 5 月 8 日

习练太极，助力身心健康

追随杨松泉师父学习陈氏太极拳十年有余，其间习练陈氏太极老架一路、陈氏太极老架二路、陈氏太极剑和太极推手，收获颇丰。

我自幼体弱、小病不断，加上生性愚钝，习拳进步缓慢。但松泉恩师弘道养正、因材施教，授以拳艺、传以拳理，助我正身正心、强健体魄、砥砺意志。习练太极，对我的身心健康助力极大。

恩师谆谆教导我们，学习太极须松肩沉肘，关注手眼身法步，行拳练线不练片，每天习练是新拳等等。我谨遵师教，团结同道，刻苦钻研。期待有朝一日，拳艺精进，传承陈氏太极拳艺瑰宝，让太极这一人类非物质文化遗产普惠更多人，助力太极文化发扬光大。

粘怡佳

2023 年 6 月 2 日

强身健体　修心养性　弘道养正

　　单位东门外的中关村大街车水马龙，高校密布、人才汇聚、科技前沿、创新创业等，都是这里的标签与符号。但这繁华景象中的个体，得享身康体健、心平气和者，想必不多。相形之下，感慨于八年前与陈家沟陈氏太极拳的结缘，感恩于师父杨松泉先生的言传身教，让自己在不算轻松的工作生活中，得享健体魄、修心性、固正气的充实与满足。

　　师父传授的是原汁原味、正本正根的陈家沟陈氏太极拳，老架一路柔中寓刚、老架二路刚中寓柔、缠丝功法螺旋贯串。修习陈氏太极拳八载，太极拳已成为自己强身健体的主脉。行拳时汗水如雨，行拳后轻爽通透。修炼太极拳，不仅是闲暇之余放松身心的方法，更是身体高强度负荷后随时蓄能的充电站。

　　"野蛮其体魄"之外，更有"文明其精神"的内涵。初学时谨记恪守练拳的"笔划"、"规矩"，如今已逐

166

渐内化为自己处事与处世的心法。伴随着习拳的点滴积累，心性上也不断修为和成长，逐步体会到师父所教诲的"循规矩"、"守规矩"之所谓，正在感悟"练规矩"的充盈自在，并在想象与期待"随心所欲而不逾矩"的淡然从容。

"有关自然界和宇宙的知识和实践"，这是2020年联合国人类非物质文化遗产代表作名录对太极拳的类别描述。从陈家沟走出的太极拳，已成为中华文明和中国传统文化的一颗明珠，阴阳辩证、贵和不争、包容至善、和谐共生。太极拳的精髓不囿于强身健体的武学，不仅是修心养性的功夫，更是传承人类文明的华夏智慧。

身在其中，弘道养正，何其有幸。

路姜男

2023 年 5 月 11 日

跋一　太极内经体悟心得

师父的太极内经即将出版问世，定是天下所有太极拳习练者的幸事，也是传统中国太极拳源远流长、造福人类的大事。这话说得可能有些直白，听起来可能也让人觉得有些突兀，大音希声，若究细节，还要从师父在北京大学法学院传道授拳的造化以及我个人学拳的感受和理解说起。

2011年初秋，北大法学院邀请师父来教练太极拳，起因再简单寻常不过，为的就是让同事们在繁忙紧张的工作中能够有一项合适的运动，以保障身心健康，同时营造一个良好的学院文化氛围。时间飞逝，转眼12年已经过去，如实说，这期间来来走走的人不少，但一直留下练拳的人也很多，多数人在经历了这段时间的磨荡之后，已经离不开太极拳，离不开这个群体，离不开师父。师父仍然常年如一日在北大法学院亲自指导大家练拳。

常识告诉我们，12年对一个有限的生命来说，过起来不长也不短，感觉上不快也不慢，一个人于此可以做很多事情，当然也可能一事无成。而实际上时间自身哪有长短快慢，能否做什么以及做成什么，则完全取决于生命在时间中赋予的价值，以及价值实现的方式和程度，取决于生命和时空之间的"间隙"。师父说，学太极"十年不出门"。如今，从北大法学院的同事们乐此不疲地享受太极的状态中所看到的是，太极拳的修炼完全不只是生命对时间的赋值和变现，而是生命本身的一种再造。经历了12年的太极拳习练已经从一种看似重复的外在肢体现象转化为一种不可抗拒的内在的生命驱动，生命体在这种机制中正在不断地实现着迭代，在通过一种自然的轮回向天地兑现着健康、快乐、幸福的美好新生。（师父语）

初学太极

我也是从2011年秋天开始，与同事们一起跟随师父学习太极拳的。起初的动因同样是寻常不过，平时工作等各种事务繁杂，原来喜欢的体育活动越来越没有时空条件，对于一个喜爱和习惯运动的人来说，不太受时空限制的太极拳可以让自己在紧张的工作中得以运动放松，当然是一个不错的选择。当然，起初的学习也是把太极拳当一种业余体育活动来对待的，老实说也是有一搭无一搭，有空就去学一学、练一练，没空也可以几天不动。而现在看来，这种跟师父学拳的状态，白白浪费了太多的机会和时间，真的是让自己觉得可惜和遗憾。

当然，相信很多中国人都有这样的一种状态，就是一直以一种传统文化知识认知来理解太极拳，并从现实世界对事物审美的角度感受和受感染于太极文化。模糊中也会有一种感觉，要是真的会打一套太极拳也是一件好事，但是从来没有设想，或者在一种自觉的有意识的状态中期待自己也能学练一套太极拳。而当有一天，突然真的有一位老师来到你的面前可以教你太极拳时，在这种未曾特别期待的想象突然变成现实时，自己曾经对太极模糊的，所谓的理解和认知、审美和尊重，往往会在来到眼前的太极拳上难以形成应该有的态度和对待。

为什么会是这样，细想起来，无论是在道理上还是在现实经验上，这其中的因素说起来应当有很多很多，比如，年龄、身体、精神正当年，不愁精神不愁身体，精神和身体本能上也没有这样的期待，认识上也不觉得学了太极会有什么样额外的受益。加之工作事务很忙，没有能够将学练太极拳的时间融入既定的生活和工作节奏中，对于太极拳的练习，无论是在身体还是精神感受层面，比如，就我而言，一切还在持续着既有的生活节奏惯性状态，在这些维度上，太极于我仍然是体外的或者是外在于我的生命和生活的。如此，当太极拳一下子来到了眼前，自然没有太大的可能将学会太极作为一种了不起的现实来接受以及对待，当然也没有意识想去知道太极拳对于个人来说的价值和意义，尤其是理性地去设计其在个人的既有行为时空中的位置和功能。

这样的理解虽然是符合常理的，但人都知道不想去干一件事情的理由和借口总会有很多。而在我现在看来，实际上只有一个重要的、根本的原因应当就是：没有看到或者说体味到真太极。事实上，以前我所有关于太极和太极拳的认识形式和认知对象无疑都可能是假的、浅层次的以及是非自觉和非理性的；或者说，在真、善、美的层面上，个人关于太极的相关认知和体验还有极大的空间需要填补和夯实。真、善、美是关于一切事物的科学认知、伦理价值、精神感受上的至高原则和标准，可以说，在这个世界上，当一种事物如果对于一个人或者群体仍然处于一种自发随意而非自觉严肃地认真对待的状态时，那一定是这种事物在认知、价值和精神上还没有得到理性上的完全接受和认可，没有受到真正的真、善、美的激发和触动，而我个人关于太极和太极拳这种真、善、美层面和意义上的理性，就在师父教授我们太极拳的一次一次寻常的现实课程活动上，已经开始慢慢地孕育着，并在一次偶然的经历中获得了落地生成。

好奇太极

随着学完老架一路架子、缠丝、太极剑、老架二路、第一种推手、第二种推手，我和同事们的身心在太极功夫的训练和涵养中已经开始产生了美妙的体验和变化，几年过后，练太极不再是需要刻意坚持牵强的一种运动，已经自然地深深地融合融入大家的工作和生活之中，大家所体验的是对太极拳的一种依赖和享受，这可能就是师父所言的拳在炼人而不是人在练拳的阶段了，随后师父开始带领大家进入认真研习第三种推手阶段。我对太极认知和态度真正的改变也就是从这个阶段开始的。

几年前秋末初冬的一段日子里，师父来北大上课的主要内容就是亲自与每个人进行推手的练习。这种练习是两两合作进行的，一方面体现为学生要按照推手的基本动作路线和方式进行操作，由此来熟悉这些动作要领。另一方面，学习操练过程实际上就是真正的实战。于我而言，在开始跟师父搭手学习的时候，由于基本动作线路和要领都不熟悉，所以总是小心谨慎地跟着师父走路线和划动作，而慢慢随着动作完全熟悉起来的时候，再跟师父搭手时，总体上就可以相对地放松放开、轻松自由地与师父进行"推"了。在这个阶段，跟师父推手时，师父如果想"推"倒谁，我们谁都是招架不住的，而随着我个人与师父搭手次数越来越多，频繁重复的过程令我动作和套路开始相对熟悉，心情也相对轻松放开，我也本能地开始通过动作的调整和力量加强不断地对师父进行主动"试探"，这时我开始感觉从师父那里每次都在输出一种没有任何伤害反而非常友善的力量，同样会把我"推"

173

倒在地。

师父的发力基于不同运动机制而不同寻常，而不可思议的是如此翻滚在地让人感受到的不是疼痛，而是神清气爽、身心通透，令人哭不得而笑脸相迎，不是神仙，胜似神仙。而此时开始，师父的太极拳于我的认知开始显现一种神奇，在此之前，我全然没有从力量和能力的角度去关注和思考太极拳，因为从来没有想象过太极拳会是力量的体现。另外，练上拳后也没有思考关注这个问题，认知和期待中练太极功夫只是为了锻炼身体而不是跟人"打打杀杀"要去战胜谁（当然本来也不应当如此），神清气爽、身心通透对我已经足够。而随着学习的深入，师父通过太极推手，愈发以一种新打开的局面和现象吸引我在另一个维度上的注意和思考，即：太极除了能给我们带来身心的愉悦和健康，是不是有一种强大的力量和能力呢？此时师父所展现的太极能力愈发像一个无边宇宙的黑洞，吸引着我再也不能停止思考，并无法阻止自己对此去探索、印证以求个究竟，一种潜意识的东西告诉并驱动我，应当以一种全新的视角来理解太极，以严肃认真的态度来对待太极了。

174

信服太极

我理解，事实上极大程度上也是如此，在一种养生、娱乐的氛围和中国传统谦虚友善的礼节下，在我们学拳的氛围中，两两推手，在"推倒和战胜对方"的发力上，大都会秉持着一种礼貌和善意而有所保留，尤其是作为学生在与师父推手的过程中，情况应当更是如此，起码我是。但是在以上各种逐步"试探"的结果激发和师父的太极功夫能力的吸引下，我深刻地认识到，这种有所保留和距离保持无论是对于太极，还是师父，以及我们自身，可能都是一种无礼和不敬。养性怡情也好，健体强身也罢，太极该是什么就是什么，我们要学就要清楚所学的东西，学就要学个明白；要学就要学真东西、好东西。而真正的好东西就要能够面对得了现实，一定要并能够经得起客观能力标准的验证。

随后的一次深秋的太极课上，如常的一次师父和我的推手，终于激发鼓励我走到师父面前，有些犹豫但还是鼓足勇气说：师父，我真的是想学好太极，但我总感觉平时跟您推手练习时，自己没有好意思放开

175

并用上全身力气来跟您推，今天恕我冒昧地跟您提一个请求，我想确认一下太极这功夫有多么厉害，我想请您到训练垫子上，然后我完全放开不按照推手的套路模式跟您推，看看我能否推得过您，可否？师父定睛看了我一下，明白了我的想法后微笑友好地说，好的，没事。于是，我就跟着师父上了垫子，之后，随着师父示意开始，我便迅速靠近师父并用力进行抱摔，而我一旦刚刚接触到并抓到师父的身体准备继续发力时，自己瞬间就飞出去两三米摔倒在地翻滚了出去，接下来第二次、第三次，每一次我都是更加用力，每一次都是更快地在更远的地方倒下，只是从师父身体出去的方位和方向不同，要么就是左侧，要么就是右侧，要么就是肩上，要么就是腋下，而且后两次，我明显感觉到，实际上我是在师父的保护中摔倒的，而师父始终是中正地扎在原地，如风吹大树，摇而不动。

当时，随着我落到垫子上发出的几声闷雷般的巨响，正在远处推手的同事们也感觉到垫子这边发生了不同寻常的事情，而也就在众人还没有来得及拿出手机进行拍摄的情况下，我和师父之间的一次"真正"

的推手迅速但清晰地结束了，千思万绪所做出的结论远不如一次勇敢真实的尝试来得直接，来自现实的真正价值和能力的冲击会启动思维，用自觉的理性去认知和对待事物，挨打之后会变得异常清醒，我也就在这先后大概一分钟左右的时间里，相关的认知清楚而果断地做了改变。接下来几天的沉淀和反思让我认识到，我曾经认识和理解的太极只是停留在浅层次的文化现象理解的层面，太极运动是远远超越我们通常所说的体育运动所带来的一种享受，真正实现了精神愉悦、身体健康和运动能力的有机统一，是这个世界真、善、美的化身和客观存在。而这一切的一切，终归于一个真正的太极师父，在一种偶然所形成必然的过程中，让我们看到并感受到了真正的太极，在一种平凡而寻常的天下千姿百态、丰富多样的各种太极活动中，有幸看到并感受到了真、善、美的太极，使一种我开始以寻常的态度和惯性来对待的太极和现实，从此在我的认知中不再寻常。由此在我个人看来以及就我而言，毫无疑问，太极功夫是我在这个世界上，到目前为止所看到的、亲身感受体验到的、由人体直接形成并做出的、唯一的超凡能力。那个深秋的下午，我也当即下定决心，要终身修炼太极拳，从此也便不顾风霜雪雨，不问春夏秋冬，与日月同行，与天地同在，开启了潜心修炼太极之路。在师父的引领和教导下，现如今，太极已成为生命的内置驱动，不断地激发我的身体和精神的正气和活力，容万物，由自然，在一个又一个轮回中实现着生命的再造和升级。

理解太极

太极是什么？受教于太极内经，并结合十余年跟随师父的研习，个人体悟太极体现的是天地人维度上，通过人所展现出来的宇宙中的万物存在、运动、相互作用和关联关系的基本规律和法则，具体可以从如下几个层面理解。

第一是在物质物理层面。人与天地间的万事万物，山川大地，江河湖海，花草树木，飞禽走兽，无论是有生命的还是无生命的，一样都是宇宙中的一种存在。在根本的底层，万物都遵循着存在的规则和规律，这种存在就是运动和流变，各种事物运动的形式和方式有多种多样，但是所有运动现象实质上都是事物之间相互作用中的运动。宇宙间的万事万物都是在这种规则和规律中运行存在，有生命的事物只有尊重和遵从这种规律，才能够获得正常的能量输入和输出，从而健康如常地存在，而太极所揭示和展现的就是这种规则和规律。

第二是在人的身体、精神、伦理价值以及自我认识和自我定位方面。首先人要认识并认同以上作为万物存在运行基础的一种普适性的法则和存在规律，还要知道人在身体、精神、价值、认识以及自身在整个宇宙中的定位等方面基于此所衍生出来的法则和规律，要知道只有在身体、精神、价值定位和选择等多方面都尊重并遵从这种规律和法则，人才能获得正常、正当和正确的存在，比如，人要守正、不偏不倚、上善若水、与人为善、自强不息、厚德载物、有容乃大、顺其自然等。而太极功夫所展现的太极就是对这种规律和法则的遵循。

第三是在人与自然和社会的关系方面。自然和社会是人保持存在的两个环境、条件或者系统。在人的视角下或者以人为原点，自然世界人以外的万物与人一样都是与宇宙同等规则和规律下的事物，构成了人的运动和存在的自然条件和环境；人类社会中的所有的人所形成的人与人之间的群体行为和关系，同样构成了人的运动和存在的社会条件和环境。而无论是社会的还是自然的，无论是人与其他事物之间的，还是人与人之间的，在这些实体存在、运动和相互作用的关系的维度上，自然和社会二者是体现为天然的一体构造，体现的是包括人在内的万物万事共存共生和共同作用演化的关系，是每个单位和个体存在和运动的规则和规律的系统性、结构性展现。这些规则和规律同样体现的是这个宇宙事物演化和运行的规律和法则。而整体就是个体，个体也是整体，这些法则正是太极关于人体生命的如常延续和健康存在，在群体性的环境中以及相关的条件上，与自然万物以及其他人之间关系的界定和表达，以此实现人与自然以及人与社会的和谐。

理解太极拳

由此，如果说太极乃天道、大道，其实际指的就是这个宇宙中的事物存在和演化的规律和法则。大道其行，顺之者昌，逆之者亡，国家社会用之者兴盛，个体生命用之者健康。如此，太极拳（功夫）又是什么？师父说，太极拳是太极的实体。太极拳是体现、实现或者运行这些规律的方式、方法以及体系机制。人自从脱离了母体开始相对独立运行和存在于这个世界上以后，在身体、精神和意识等方面开始逐步且愈发背离这些法则和规律而运行，即出现所谓的背道而驰，极端的还会出现倒行逆施。"人不为己，天诛地灭"，如此，一个人只有通过太极的修为，才能够让自己的身体和精神认识尊重和运行遵从这样的规律和法则，才能使自己的身心健康，提高自己的修为，提升自己的精神境界，走正道，做正事，才能与这个不可改变的宇宙的规律和法则有机融合，与天地自然为一体，与万物正常共生存。而当个体让自己的身心认识并遵循了这些宇宙至高的规则和法则，可想而知，由个体到群体、到社会、到整个国家，各种各样事物的运行都会尊重和遵循宇宙的如常的生存和运行的规律和法则，从而返璞归真，获得至真、至善、至美，实现宇宙间生命和各种存在事物的和谐发展。

那么，如何实现这样的修为而知道并遵守这样的规律规则，根本方法在于修炼太极拳或者太极功夫。"功夫不息法自修"，个人体悟：太极功夫核心甚至唯一的方法要义在于"炼"，修炼的"炼"。实践出真知，"炼"太极拳是知行合一的表现，而对于太极拳和太极真正的"知"不只是思想和观念上的"知"，根本和重要的是身体上的"知"，思想和观念上的"知"要以身体的实践和体验为基础，应该是身体上"知"的生成物和实践成果。师父说，太极乃武学，文在其中。个人理解，这所说的应当是，太极要有"文"，但"文"一定要以"武"为基础，不能脱离"武"或者超出"武"的练习，更不能以文学和二手的文字道理来认知和理解太极，太极不是单纯的想象和逻辑思考，人们可以在文字层面上或者说结合自然和社会的宇宙现象了解和理解一些太极的规律和知识，但是如果我们的身体包括肉体和精神并不能感受、真正认知并充分理解太极的存在、作用和价值，那么一切可能都是虚妄的甚至是错误的。师父说，不是对，就是错。简单的例子就很容易让人理解，不会游泳的人来说游泳有多么好和不好又有什么认知的基础和表达意义呢？

因此，在认知上，只有修炼太极功夫的人才能实现身体、精神以及感受和思想上的"知"的共享和整

182

合；在行动上，只有修炼太极功夫的人，才真正实现
了宇宙事物存在的法则、规则和规律在自己身心上的
运行，从而遵循了法则和规律，如此而达到真正的人
在道上，知行合一。因此，修炼太极是理解、认知、
表达、享受获益于太极的王道和黄金法则，不修炼的
人无法因此也不要讨论太极拳和太极的好与坏、对
与错，相关的内容实际上因不在道上而与太极毫无
关系。

而"炼"又有具体的标准和要求，核心要义指的
是，太极功夫要照着真正的师父、真正的太极的传授
体系和要求去"炼"习，不是照着不"炼"太极功夫
者所形成的哲学思想和文学想象去自学和揣摩，更不
能照着练一身假或者错的太极功夫的师父的要求去
练；另外，对于太极功夫的学习，学习和体悟的根本
方面是太极拳的本体和要义，而不是身体套路与技
巧，太极乃大道法则，既抽象又具体，有永恒太极之
规则而无太极拳固定之技巧，学"炼"者不能以拳的
具体技巧来代替太极大道而舍本逐末。如此，学"炼"
太极功夫着实并不是一件容易的事情，学到真的太极
功夫更是一件极其难得的幸运之事，而重要的是，学

太极拳，就是"炼"太极拳，是否容易和幸运，都要从"炼"开始，不"炼"拳就是不学。常常说做事要三思而后行，学太极拳往往应当是先行而后思。

理解太极的认知和实践

太极拳系统性地创立于中国古代明朝的陈家沟，而从生成渊源和发展过程来看，关于太极的认知和实践在中国则有几千年的历史。而无论怎样，在现代人类所具有的科学观念进入中国之前，太极拳不是作为科学，而是作为一种家学的人体行为能力实践，其主观基础是人类行为经验的总结和人类意识体悟到的思想认知。而当一百多年前科学的观念开始进入，并逐步主导整个中国知识认知和相关的行为实践模式之后，应当如何认知和理解太极，并在整个社会和国家层面学习和练习太极功夫，至今仍是一个尚未解决好的问题。

科学是什么？从对客观事物进行知识认识的角度来看，通说认为：科学，是建立在可检验的基础上的解释和对客观事物的形式、组织等进行预测的有序知识系统，是已经系统化和公式化了的知识。而从知识的社会实践的角度来看，科学是一种社会主体的思维观念、形式，以及叙事和社会实践的模式。在现代社会，科学在一定程度上决定了认知和相关行为实践的合理性、正当性和社会认同性。在历史上，科学属性的活动自古就有，但是到近现代随着科学革命的胜利，科学的社会认知和实践行为模式已经成为包括中国在内的整个社会生活的主导，具有"绝对"的合法性、合理性和正当性。在这个认知模式演化的过程中，一切传统的文化现象和事物的知识往往必须要经过科学认知和叙事的转型，经过科学的标准和方式的检验，如此才能在现有的社会生活中寻找到合理的发展空间和有效实践。

太极作为一种社会认知和社会实践的对象，在中国社会一百多年的知识转型过程中，其发展同样需要面对和解决这样的问题。如前所述，太极拳作为一种对现象进行认知的知识，系统地产生于中国的明朝，太极的知识和太极拳的发明创造和传习，在知识的生成模式上，总体来说是基于天人感应和社会经验上的人的认知体悟，概括来说，太极拳的产生、练习和传授，就个体而言是感知天地、天人合一、修身养性、强身健体，而在群体的社会功能上可以齐家报国、带兵卫国、治国平天下。

而按照现代科学的标准，这种关于太极的知识往往被认为是描述性的告知而不具有严谨的逻辑论证性，往往也不具有量化可知的验证性和可解释性，也没有形成类似于现代科学标准上的系统性知识，相反更多地表现为神秘性和不可知性。而在传播和发展的条件上，产生于中国古代农耕社会的太极拳作为一种家学，相关的传承规则和禁令的限定更加强化了这种神秘不可知性，而不能作为一种广泛公开的知识和能力进行传播并让社会普遍受益。虽然传统太极拳在古代社会有着独特的服务社会的路径和方式，但是按照现代科学的知识生产和实践的社会化模式和相关标准来衡量，这种服务社会的模式尚无法形成真正的现代意义上的知识生产和实践的社会化，并产生其应当具有的社会效应。

知识生产和实践应用的科学化和社会化的问题，实际上就是知识的现代化的问题。倒过来说，现代化是一种认知和行为的标准、体系、机制、模式和制度，这一系列的因素构建和运行着现代社会的主体行为和社会关系。进一步说，在现代化生产生活中，往往只有符合科学的认知才具有合理性、正当性和可信性，往往只有科学认知基础上的社会行为和成果才能广泛深入地社会化、大众化以及进行批量的生产。可以说，整个现代社会生活时间、空间以及人的行为都被这样的、所谓的科学的认知和行为实践占据着、充斥着和驱动着，在这样的时空中，不符合这种标准的知识和相关行为是很难存在和运行的。

所以，基于以上的认知，是不是可以做出这样的理解，即：作为一种传统形式的知识和能力体系的太极拳，如果能在现代的社会生活中广泛、深入、长远地发展和流传下去，能够为全社会发挥出它应有的价值，它有必要完成认知上的科学化、实践上的社会化，以及以此为基础的现代化的问题。如此说来，并不是说传统的文化体悟式的知识认知和实践模式是错误的或者是不好的，相反，这种模式即使是在现代意义上的科学性的知识生产和叙事中也有着其独特的、不可替代的重要价值，甚至是弥足珍贵的，这种知识模式的唯一不足是在群体交流中往往难以形成共享效果并且容易失真；也显然并不是说传统的太极知识就不具有科学性，如果不具有科学性，不可能经久流传而发挥出如此巨大的社会作用，而只是，如果不解决太极的科学化和社会化的问题，在现当今的现代化生活模式下，无论是对于太极的深入认知还是广泛的传习实践都要面对较大的困难。因此，准确地而且只能说，面对博大精深的太极知识而言，我们在现代意义上的科学认知和价值意义层面上，理解和发掘得还远远不够。

在跟随师父十余年的学习过程中，作为一个现代知识体系模式培养出来并实践这样知识模式的一位读书人，基于师父的授课内容、方法、体系，加上自身的习拳体验和感受，在知识内容关联以及知识和行为的关系上，本人深信太极和太极拳就是一个标准意义上科学的知识体系，有着完整的世界观、价值观、本体论、方法论、认识论的构成，全方位涉及自然科学、社会科学以及人文认识领域的现象和事物。师父说：这个世界上，唯一的"不变"就是"变"，世易时移，从传统社会走到现代社会，发掘整理这样的知识体系正是太极大行其道不可绕开的重大历史课题和任务，如此，才能实现太极的科学化和社会化，才能使太极与现代社会充分融合，源远流长，发挥出应有的价值而造福人类。

2020 年冬季，在一次课堂上，师父特别高兴地告诉大家，太极拳已经成功列入人类非物质文化遗产代表作名录，代表中国和东方文化精髓的太极拳进一步得到全世界认可。这的确是让人高兴的大好事情，可以说太极拳的价值意义因此也具有了正式的"世界性"和"人类性"。在高兴之余，面对现实太极事业在中国以至全世界发展状况的理性思考中，切身感受到，这种"世界性"的认定如果能够体现在科学性而不只是文化性的层面，那么这个属于全人类的太极事业才具备与其功能相称的合理认知和价值认同。可以说，经过多年的努力探索，在中国，太极拳的现代化发展已经有了一定的努力成效，尤其是在由一种家学到大众化和社会化发展上取得了显著的成果，但当前虽然练拳者甚众，而在真正传统的太极拳标准上，可以说鱼龙混杂、良莠不齐、真假难辨，使太极拳这种神秘性在没有通过科学化而合理化的情况下，这种乱来的大众化和浅层的社会化又使太极拳的学练产生了极大随意性甚至是价值破坏性，由此太极拳往往会出现要么基于神秘性而被不合理地捧到天上，要么就因为这种随意性而被污名化。因此，基于一种真正的传统太极，在科学理性的模式下，从认识体悟到科学认知，使太极拳从家学走入社会，从东方走向西方，从传统走向现代，传统和现代并行，实现太极的科学化、社会化和现代化，消除掉太极拳的神秘性和随意性，是当前人类太极拳发展事业的第一课题，也是我辈实现民族文化发扬光大不可推卸的光荣使命和时代责任。

太极拳是关乎宇宙生命之根本的事业，师父是近现代太极拳宗师陈照丕先生的嫡外孙，自幼始一直伴随外祖父身边刻苦学拳而获真传。师父的太极内经是集结了中华几千年太极学问和近七十年个人修炼汲取的太极精华，其无论是对太极以及太极拳的真正认知和精深理解，还是对传统中国太极拳的拯救保护、原味传承以及从传统社会到现代社会的衔接承续融入和发展模式转换，都有着不可替代的重大意义，其所生成的珍贵价值当然远不止是太极拳的习练指南，其问世自然是关乎天下人的幸事和大事。师父说让我于太极内经中加些文字，诚惶诚恐，不知所措。个人于道虽无隙而有距，所说于远道者无言，于近道者无益，只能说些学拳的亲身经历和真实感受置于书后。文字终归于文字，深层上无关乎功夫和道学，权当师父命我在众人面前再练一遍新拳，请见者勿怪，多包涵指正。

杨晓雷
2023 年初夏
于北京大学法学院

跋二　敬读太极内经

　　太极拳是中华民族独有的精神财富，它蕴藏着先哲们对生命和宇宙的参悟，承载着中华文化的内涵，以一种近乎完美的运动形式，诠释着古老东方智慧和谐的人生境界。

　　"太极拳是道之本体，道是太极拳之核心。修炼太极拳，即是修道也。""真人内修其本，外不饰其末。大道无形，真修者自成之。此道至高，此经至真，故曰太极内经。"

　　太极内经的问世诠释着中华文化的精深内涵，是一部全面概括太极是道、拳理拳诀、内功修炼的开山之作。图言详明，修习详尽，拳理交融，歌诀释要，大道至简，"是经得之于道门，精微奥义，有不可言传之妙"。

一、太极合道

太极作为哲学概念，是《易传》"易有太极，是生两仪，两仪生四象，四象生八卦"提出来的。太极的最高境界是道，道通过技体现人的心性修为，技与道合最能体现中国传统文化的神韵。

太极是道——天人合一通神明。太极内经总三十三章。从"太极是道"到"重返天真"：是以宇宙、天地阴阳、人物之生息概述大道无形、无情、无名，是以生育天地、运行日月、长养万物，是以"天地之和合，阴阳之化育万物，皆乘一炁"也。

太极的太，意为至大、最大；极，意为尽头、极点。简言之就是事物最后的最终极，是所有事物最根本的最原始的状态和起点。变化是太极，变化最后那个终极的太极还是变化。易是太极，太极是易，是变化本身，也是变化本原。太极动而生阳，动极而静，静而生阴，静极复动。一阴一阳，互为其根，分阴分阳，两仪既立，由此产生了世间万物。

何为太极拳？"拳以载道"释意："太者，天也；极者，地也；拳者，炁也。太极拳者，天地炁也。"

"太极，乃天地之大运动也；太极拳，乃人身之大运动也。古人圣贤造此拳术，施之于人伦，修之于日用。""太极者，形而上之道也，道意发端于老子。太极拳者，形而下之器也，拳法始创于陈王廷。""太极拳，理根太极，因处处不离阴阳，故名太极拳。"

老子曰："人法地，地法天，天法道，道法自然。"即人与自然的一致和相通，一切人和事物都应顺乎自然规律。"修炼太极拳之首要功效，乃是祛病延年"；"修炼太极拳之重要功能，乃是开发智慧"；"修炼太极拳之最高境界，乃是回返先天"。《黄庭经》云："外方内圆神在中，通利血脉五藏丰，骨青筋赤髓如霜，七窍已通不知老。"太极拳的修炼，遵循人体运动的自然规律，"由招熟而渐悟懂劲，由懂劲而阶及神明"。通过放松，以意引导，使人体周身关节、器官、肌肉、经脉、脏腑回归自然状态。通过呼吸吐纳结合虚实开阖的螺旋运动，开发太极拳的缠丝劲，开发第三潜能。"三层潜能，力、氣、意也。"内外相合，意与氣合，形与神合，周身协调，意氣之水在体内自然流淌，"水到渠成"。内氣通过活用不断增大，一氣贯通，达到天地与我同体，万物与我同生，心驰神往，神清自然，随心所欲不逾矩，"挨着何处何处化"的通神明境界。

二、拳理拳诀

太极内经从道意、修一、修无、修心、修性、修身解密人体奥秘，以五行学说中医理论的水火之性论太极拳人体心肾运用："刻刻留心在腰间，动起两肾才是真"，命门乃"两肾之君主，造化之枢机"，"使炎上之火下降，使润下之水上升"，以达水火既济，阴阳颠倒之理。"命意源头在腰隙"，"心氣下沉，沉于两脚，归于涌泉；肾炁上升，运于两手，归于劳宫"，"心火合于涌泉，水火既济"，"鼓命门，动两腰"，"须知大舍大得"，体合大道，天地人合一。歌诀："太极三圈九连环，环环发于腰隙间。""有意无意是真意，须在环中求消息。"可见修炼先天之炁的重要。

太极拳是根据阴阳五行学说和中医经络学说与人体本身运动规律而产生的一种集文化、艺术、哲学、氣功、养生与技击为一体的运动。运动中处处体现阴阳矛盾的有机结合。比如从吐纳、虚实、刚柔、开阖、动静相依、方圆相生到太极圈、螺旋缠丝,依大、中、小圈之氣机循环,"其圈大而无外,小而无内",由大、中至小而无,"外形走螺旋,内精走缠丝。以外形引内炁,以内炁催外形。功到熟时,两肾旋转如热汤,膀胱内旋似火烧,肾炁螺旋通百骸"。刚柔俱泯,一片神行。无一不是阴阳相合、矛盾相辅相成的朴素体现,至简最终回归精深的天人合一。

太极拳的"刚柔":"太极阴阳,寓柔寓刚"。有骨有肉,柔中寓刚,拙中有灵动,秀美孕刚柔,"真心求柔,无意成刚","刚柔相济,运化无方"。太极拳的刚是坚韧决然,如闪电、如震雷、如山崩,行拳辩手时总让对手感到透不过气来的无形巨大压力。"刚劲如疾风迅雷震撼对方,柔劲如和风细雨化解对方。使其犹如出入波涛之中,忽掀于巨浪之上,忽跌入旋涡之中,目眩神晕,而莫知其所以然。"柔是化,是灵动,看似柔绵,瞬间生刚,柔中有刚,融为一体,柔则使对手无处发力,刚则让对手无还手之力。化解矛盾而后达到和谐的统一体,本身就是阴阳学说的具体体现。

"虚实":从宏观上看,太极拳的虚实结合可以使全身各个部位协调起来；从微观来看，虚实变化能够打乱对手的判断和节奏，破坏对手的平衡，实则自己得机得势，虚则调整己势待机而行，达到四两化千斤之效。"虚实开阖，互相化生。"所以，虚是为了顺随对方的实，迷惑和扰乱对方，从而避实就虚。实中有虚，虚中寓实，虚虚实实，虚实相生，这样才富有生机和灵动，才能产生更深邃的境界。歌诀云："实到无虚乃是实，虚中有实才是虚。实中能虚谓之道，虚中能实道是真。"

"开阖"：书中一章专门讲虚实开阖。"人之一身，节部甚繁，惟分为三节而论，可谓得其截法"，"三节者，上、中、下，或根、中、梢也"，"炁之发动，梢节领，中节随，根节催"，三节分而合之、合而分之，"一以贯之"。"动之则开，静之则阖"，"妙在俱合"，"大苦大甜"，"大开大阖"，"开得尽，阖得住"，浑元一炁化无穷。

太极拳发源于陈氏，后在流传过程中衍生出杨、武、吴、孙等流派，各流派代表人物各有特点，诠释了不同的体势风格。如陈氏刚柔相济，杨氏中正宽博，武氏紧凑缠绵，吴氏斜中求正，孙氏进步必跟。

陈长兴姿势端正，立身中正，有"牌位大王"之称，正大宽博沉稳；陈发科拳势连绵，萦绕圆转，顺逆缠丝，多圆取胜；陈照丕沾黏连随，化打结合，牵丝连用，纵横自如；杨松泉风轻云淡，清净无为，以柔化刚，以和为贵之天人合一无我境界；陈小旺以丹田为核心，八面支撑，开放辐射；陈正雷柔化摔拿；王西安弹抖脆厉；张志俊两头卷曲中间松；等等。

三、文化使者

杨松泉先生，陈氏太极拳第十一代传人。幼承家学，从学一代太极宗师、外公陈照丕修炼祖传太极拳法，得其真传。少年时常随外公教拳，辅导村中子弟修习拳术。后赴河南洛阳、陕西、山西、四川、云南等地游历授拳。所到之地，从学者众。

自 1988 年始于北京市北海公园天王殿和九龙壁，以及中国音乐学院（旧址恭王府）、中国海油、中国海关、国家检察官学院、北京市工商局、北京市税务局等单位传授太极拳。2019 年，北京大学法学院举办"首届照丕太极文化研讨会暨陈家沟杨松泉师父太极传承仪式"，为中华传统文化传承与发扬之里程碑。

六十八载潜心修行，风雪无阻，寒暑无辍，亲传亲授，倾心培养弟子，于香饵胡同道场静修，深受国内外广大受益者爱戴。所创北京陈家沟太极拳培训中心获评为中国太极拳培训十大影响力品牌机构。

讲授太极道桩功养生疗法，连续 30 期刊登于《中国医药报》。太极拳发源地陈家沟村连续三届举办"松泉杯"春节太极拳比赛，授予"陈家沟太极拳文化传播大使"荣誉称号。

四、太极外交

古今中外，有文事者必有武备。古代先贤老子"柔弱胜刚强"，孔子"射御"高手，项羽"力拔山兮"，李广"威慑边关"，霍去病"马踏匈奴"，岳飞"精忠报国"，民族英雄戚继光威震"倭寇"，革命先驱孙中山练武为"强国强种"，伟大领袖毛泽东主席"文武缺一岂道乎"，敬爱的周恩来总理"伍豪之剑"，开国元帅朱德、贺龙、陈毅、许世友将军都是行武出身，法国原总统希拉克热爱太极拳，俄罗斯总统普京更是热爱中国功夫。武学不仅有着深厚的文化底蕴和强身健体功效，更有保家卫国的作用。

太极拳作为优秀的民族传统文化受到世界人民的广泛喜爱，无论是健身、养生的功能带给人类的益处，还是蕴含的中国民族文化魅力带给人们的精神财富，都被世界人民所接受。太极拳正以生机勃勃之势向世界延伸、开花、结果。

20世纪90年代以来，先生应北京中医药大学邀请赴德国讲授太极与中医，赴美国、瑞典、瑞士、罗马尼亚、意大利、日本等讲授太极拳，历任剑桥大学易经研究联盟资深太极顾问，罗马尼亚养生艺术学院荣誉院长兼中国太极运动养生专家。多次担任世界太极拳大会导师、主评委。

21世纪以来，应中国外交部之邀请，数次为多国驻华使节及其家属传授太极拳，于建国门外外交公寓，为世界四十余国友人演练拳法与辨手法，瑞典报、德国电视台、罗马尼亚报，以及新华社、人民日报社、中央电视台等国内外各大媒体竞相作了报道。

2008年，时任美国财政部长亨利·保尔森慕名来学，委托驻华使馆致信中国政府，盼杨松泉先生授其拳术。先生代表中国于团结湖公园为保尔森全家十余人授拳，分文未取，拳拳爱国之心和文化使者之举，成为北京奥运会期间中美文化交流之佳话。

五、反哺泽州

泽州府（今山西晋城）是个文化古城，是一个文化底蕴深厚、人才荟萃的地方，这里有着享誉中外的大量武学瑰宝的遗存，如东土河陈卜（河南温县陈家沟陈氏始祖）、大阳张大经（乾隆武状元）、阳城王宗岳（《太极拳论》作者）等。人们把晋城誉为"太极拳之乡"。

晋城是陈家沟陈氏根祖之地，在这片人文精神浓郁的沃土上，有着太极人的执着精神和不断追求，六百多年前，陈卜避迁河南温县陈家沟，二百年前陈家沟人陈长兴教了河北永年杨露禅，陈长兴、杨露禅师徒曾往晋城东土河寻祖。近年来，杨松泉先生、陈立法、王西安、朱老虎等太极拳传人先后寻祖东土河，陈家沟陈氏后人陈小旺、陈瑜、陈炳晋城东土河祭祖，这些都是太极拳在晋城的滥觞。20世纪80年代杨松泉先生来到晋城传播太极拳，首个陈氏太极拳协会"山西省晋城汽车站陈氏太极拳协会"成立，是陈氏太极拳晋城传拳第一人，是最具其外公、一代宗师陈照丕拳架神韵第一人。为加强晋城与陈家沟相互交流寻根问祖，2015年先生应晋城电视台邀请，辞别正在北京访学的罗马尼亚团队，在百忙之中不计报酬带领北京陈家沟太极拳培训中心骨干教练讲谈晋城。"德不修者不与之，名利重者难成之，得宝忘师者不传之"，"欲修道者，先养其德"。赤诚之心和对根祖之情让人由衷敬仰，可见先生之厚德，为陈家沟陈氏家族东土河寻祖祭祖以及两地交流和太极拳在晋城的发展作出了特别贡献。

太极拳是中华传统文化这棵大树下结出的丰硕果实，是传统文化思想理论精髓表现，并被联合国教科文组织评为人类非物质文化遗产。太极内经以《周易》、《道德经》、《黄帝内经》三大绝学全面阐释太极传承和先生一个甲子修炼心得，是先生68年悟道的结晶。从太极习练、教学、技艺、拳理等方面显微阐幽，发前人所未发，无所保留奉献不传之秘，是太极修炼者值得珍藏的经典之作。

李正业

2023年4月

敬识于山西泽州

编后记

　　跟随师父杨松泉先生学拳第八年，我终于等到了太极内经的出版，而且非常荣幸地担任这部"巨著"的责编。称一部"小书"为"巨著"，肯定是要有充足的理由的。我虽不敏，从扭股别膀学架子，到若有若无的缠丝，再到大胆丢舍往内里走，历经八年，风雨无阻，我也只敢说自己好像站到了太极殿堂的门口，看出一点点门道，但师父这部"小书"即是"巨著"，我却是越来越确信无疑。

　　在本书跋中，北大杨晓雷教授记述的体悟心得，从初学太极、好奇太极到信服太极再到理解太极、理解太极拳，完全、真实地呈现了我们这些现代知识体系模式培养出来并实践这样知识模式的读书人，学习、修炼作为中华优秀传统文化、人类非物质文化遗产代表的太极拳的心路历程。在附录里，北大法学院松泉法太极团队的汪建成、张守文等诸位教授，也都如实贡献了他们跟着师父学拳十余年的心得体会。和杨师兄以及诸位师兄师姐一样，我切实地感受着身心一天天的变化，感受着生命体在修炼太极这种机制中不断实现迭代再造所带来的从未体验过的惊喜。太极于我，已经不仅仅是一种锻炼方式，而是人生的修行，我坚定了余生潜心修炼太极的信心。

书上所录的文字，都是学拳时师父在旁边说的大白话，只是系统化了而已，然而隔着八年再回味这些话，已经从当初完全的听不懂，甚至有些许怀疑，到若有所思，再到今天的练一遍拳有一遍拳的领悟。师父在我们每次开始练拳时都要说：丢掉以前的，练眼前这遍新拳，拳练一万遍，遍遍都是新拳。就像读大学时教授跟我们讲过的：经典的书，一万个人读，有一万种体会。这恰是能称得上"经典"的著作的特点：常读常新。

常读常新，是这部"小书"一以贯之的精神。也是我敢在眼前这个阶段就"火眼金睛"，将这部"巨著"引荐给读者诸君的原因。道无止境，拳无止境，人生亦无止境，此谓无极才是太极；但同时，道不远人，初级也就是高级。一阴一阳，然否？

下面就谈一下我对此书的三个粗浅的认识。

第一，书之大小，从不以篇幅论，而要看其价值。此书是师父历经六十八载实修体悟，自然而生，所以难能可贵。

《心经》二百六十字，被尊为佛经王冠上的明珠。《老子》五千言，被奉为道家思想的圭臬。而呈现在我们面前的这本薄薄的太极内经，正是师父修炼太极六十八载的总结。所以，此书最重要的价值就是，它不同于一般太极理论著作的高头讲章，而是一个老道人实践出来的，每一个字都有出处，每一个出处都是验证过的。

太极拳自陈王廷创制，传世四百载，被尊为中华优秀传统文化独有的精神财富，蕴藏着中华民族往圣先贤们对宇宙和生命的参悟。一般都认为它包含了《易经》、《道德经》、《黄帝内经》等中华经典的深刻哲学内涵，起码也是"老庄哲学在拳术中的体现"（金庸语）。修习太极者被称为"道人"，一就指"道家"的信奉者，二则指"道"的修持者。

无论是"道家"还是"道"，乍一听都是玄之又玄，让人望而生畏。所以太极虽然历来被推崇，但真能亲近它，窥其堂奥，登堂入室的，少之又少。这也难怪，"君子之道费而隐"（《中庸》），讲的就是"道"一方面普遍存在，日常生活中随处可见，普通男女都可以知道，可以学习，可以践行，但另一方面又是精微奥妙的，知道是一回事，一般性地践行是一回事，要彻底了解，进入其最高境界，则另当别论。师父是陈氏太极拳第十一代传人，四岁就跟随其外公、一代宗师陈照丕公学习太极，尽得其真传，六十八载修行不辍，由拳而入道，是太极文化在当今的活化石。这样的活化石，我可以斗胆地说，全世界只有个位数。

师父在《前言》中说，"道无经不传，经无师不明"，这是他著录此书的初衷；但他同时又说，"然道意只可神会，难于言传，若形于文字，已非原意也"，所以学者"切勿执着文字"，"切勿咬文嚼字"，尤须"慎思之，笃行之，修正之"，踏实修炼功夫。也是师父注重实修的旁证。师父常说，会读书，只是知道，还不是真懂，练到身上才是懂。这于我们这些读书人真如醍醐灌顶。

第二，此书认为，太极是道，修炼太极拳即等同于修道。这与坊间单纯讲拳法的其他图书一下子有了层次上的差异。

此书开宗明义第一句话："太极拳，理根太极，因处处不离阴阳，故名太极拳。太极者，形而上之道也，道意发端于老子。太极拳者，形而下之器也，拳法始创于陈王廷。"

这句话说得更白一点就是：太极拳的根本原理是太极这种起源于老子的思想。师父常对我们讲，太极拳是哲学的内涵、音乐的韵律、诗的意境、美的构造。退一步讲，太极拳也是武学，而不是武术；是武学，但文在其中，所以又是文化。太极拳要修而不是练，要研究而不是搏击，就是因为它是中华道家文化的精髓。

我也是在修炼太极八年之后，才渐渐懂得师父这句话里面的拳拳之心、殷殷之意。也渐渐懂得他为什么说，于他个人幸福而言，他就闭关练拳好了，他之所以孜孜不倦教拳，就是老祖宗借他传下来的文化不能丢。

那么，作为太极拳核心的"道"到底是什么呢？姑且借用享誉世界的道家文化学者、北大哲学系"人文讲习教授"陈鼓应先生的解释。（以下均参见陈鼓应：《老子今注今译》，中华书局2020年版）陈先生说，"道"是老子哲学的中心观念，它是一切存在的根源，也是一切存在的始源，是自然界中最初的发动者；同时它并不是固定不变的，而是在不断地运动变化着，它的一层层地向下落实，便由此创生了天地万物。所以说"道生一，一生二，二生三，三生万物"。

　　陈先生接着说，"道"不是创生万物就完事了，还要内附于万物，使万物得到培育、得到成熟、得到覆养。所以要"道生之，德畜之"，"万物莫不尊道而贵德"。这就引出了老子哲学的另一个观念"德"，所以《老子》又称《道德经》。"德"是什么？陈先生认为，形而上的"道"，落实到物界，作用于人生，便可称它为"德"。也就是说，"德"就是落实到人生层面，而作为我们生活准则这一层次的"道"。

　　我的浅显的理解，"道"是体，是本质；"德"是用或器，是人和天沟通的桥梁、人道上升到天道的途径。两者是二而一的关系。"道"看不见摸不着、无名无形，"德"则有基本的特性和精神可以把握。于老子思想，这些特性和精神包括自然、无为、虚静、柔弱、居下、取后、见素、抱朴等。

师父之太极内经，与老子之哲学思想，可谓一脉相承。经文共三十三篇，太极是道，拳以载道，太极拳道统，重返天真，道意，修德……均在阐发太极拳的哲学内涵。

师父讲"道"："是以宇宙一也，天地阴阳二也，人物之生息三也。大道无形，生育天地；大道无情，运行日月；大道无名，长养万物。吾不知其名，强名曰道。"

师父讲本源于"道"之"拳"："太极，乃天地之大运动也；太极拳，乃人身之大运动也。古人圣贤造此拳术，施之于人伦，修之于日用。以安其身，以全其德，以归其神，与天地为一。"所以拳是道之器，"器是道之显于有，道是器之归于无"，道器攸分，也是二而一的关系。

师父讲"德"："欲修道者，先养其德。""无德则不成道。""大舍为德，和为贵，无为真。""道法无门，唯养德深厚者，天道相感，可得真道。"然后才有修

一、修无、修心、修性、修身、阴阳颠倒、虚实开
阖、刚柔动静等等细目。"德"是"道"的落实,"拳"
的规矩。

可以说,师父之太极内经,正是以宇宙为背景、
以哲学为内涵、以生命为关切,包含道法、心法、拳
法在内的完整的修炼体系。师父讲,人生天地之间,
位列三才之一,通过修炼太极拳,复生先天之炁,复
归天地之性,天人合一,恬淡自然,则炁充百脉,天
地护卫,诸疾不生,返少还童。太极是关于生命的哲
学,"太极即是人生,人生即是太极"。

所以拳的修炼,就是人生的修行,必须身、心、
性兼修。拳和人,身和心,都是相辅相成的关系,
叫一阴一阳之谓道。在此书中,师父对此有系统的
阐发。师父讲,修身,即是修肾。肾为先天之本。
两肾之炁,植塞天地,合于自然,乃是让人健康快
乐的真炁。那为什么要修心呢?就是因为"心不静
者肾不动,心不净者意不生"。只有把心修到虚静至
极,心氣才能下沉,肾炁才能上升,天地之间才是
活泼泼的生命。所谓修性,就是要不移本性,回到
虚寂。人不能长存者,缘生妄想,思虑不息,元炁

消散。舍我个性，以至无性，合于道性，才是生生不息之源泉。

金庸大侠评太极拳的一段话，是对师父太极拳是道学观的最好注解。他说：

练太极拳，练的主要不是拳脚功夫，而是头脑中、心灵中的功夫。如果说"以智胜力"，恐怕还是说得浅了，最高境界的太极拳，甚至不求发展头脑中的"智"，而是修养一种冲淡平和的人生境界，不是"以柔克刚"，而是根本不求"克"。脑中时时存着一个"克制对手"的念头，恐怕练不到太极拳的上乘境界，甚至于，存着一个"练到上乘境界"的念头去练拳，也就不能达到这境界罢。

第三，此书在修炼方法上，提出太极拳是开发第三潜能、三大阶段九小阶段循序渐进以及缠丝法是其精华等，发前人之未发，且切实可行，便于一般人修习。

太极拳具体修炼的方法，一般称拳法，是到达玄妙之"道"的途径。师父总讲："有心学方法，无心得道。"所以练拳讲究方法的正确，也是切要。此书之身法要义、体用妙法、行功妙诀、揿手妙境等，都是讲具体方法的，包括大家比较熟悉的中正端正、虚领顶劲、含胸塌腰、松肩沉肘、曲膝松胯等。但熟悉并不代表雷同，其中精微之处，方家不可不察。

我就举个简单的例子。《古揿手诀》上有：

揿捋挤按须认真，上下相随人难进。
任人巨力来打我，牵动四两拨千斤。

师父则根据自己的体悟改为：

揿捋挤按须认真，上下相随引人进。
任人巨力来打我，牵动四两化千斤。

"人难进"与"引人进"，"拨"与"化"，几字之差，却差之毫厘，谬以千里。"人难进"有阻挡、顶撞之势，"拨千斤"有抽扯、遮架之势。相比较之下，"引人进"遵循太极拳舍己从人、引进落空、以和为贵、以柔化刚的要求，"化千斤"遵循太极拳处处螺旋、内功运化的要求，是把"道"的要求融入了具体的拳法中。

师父创造性地提出，太极拳是开发第三潜能，因此是纯净的内功文化，切不可练成了外家拳，更不可"以心行拳"、"练力氣"等。

师父认为，三层潜能，力、氣、意也。第一层潜能，力也，发于肌肉，主宰于心；第二层潜能，氣也，发于筋骨，主宰于脑；第三层潜能，意也，或名炁、劲，即真炁，生于两肾，主宰于命门，流行于骨缝，遍布于全身。

三层潜能，亦是三"动"。第一层潜能，主于心，劳于肌肉，名曰劳动，伤害身体，于养生有害；第二层潜能，主于脑，损于筋骨，名曰活动，损耗氣血，于养生无益；第三层潜能，主于命门，开发两肾，名曰运动（运化之意），强健先天之本，实为养生之大道！

基于此，师父提出，修炼太极拳的根本，在于开发第三潜能。所以在具体的修炼方法上，就要做到不用力，不用氣，纯属用意。外力（氣）不舍，内意不生。太极拳的曲膝松胯、松肩沉肘等，都是为了找到两腰。所以叫"用心练到两腰处，方知太极真神妙"。

师父更是创造性地提出，太极拳要分三大阶段九小阶段循序渐进去修炼，而不是一上来就高级阶段，让普通人不知如何着手，或者望而生畏，甚至练急练错，横氣在胸，反而有害。这正是师父讲的"正确的方法＋时间＝得道"。

师父讲的太极拳的修炼步骤即三大阶段，依次为招熟、懂劲、神明。一般每一阶段需要三年。每一阶段又分为三小阶段，每小阶段一般需要一年，共九小阶段九年。招熟，就是把拳的招势（陈氏太极老架一路是七十六式）练熟练透。这个阶段学规矩、定根基。要求中正端正、舒展大方、笔画清晰。懂劲，就是懂炁。这个阶段主要修炼缠丝方法，外舍筋骨皮，内生一口炁。神明即明神。至此境界，道在眼前，万象俱明。

师父对缠丝法也辟出专章作了精微的阐发，这也是此书的独到之处和一大贡献。太极除陈氏之外，大多不提缠丝法。师父认为，宇宙是大螺旋体，人体是小螺旋体，太极拳是道的载体，遵循宇宙运动规律，其精华就在螺旋运动，也叫作缠丝法。"不明此即不明拳。"平日行拳，外形走螺旋，内精走缠丝。

以上三点，就是我眼前这个阶段，对师父太极内经的体悟和心得，非常浅显，却是我日复一日练拳所得，因此也是真实的。至于书中提到的"九阴一阳"境界等，我没有练到，不敢妄置一词，方家自能正之。

总而言之，太极带给我的太多了，她就像我人生旅途中的一位良师益友，磨炼我，陪伴我，给我信心，给我力量。通过练拳，我感受到年轻时都没体会到的身体的柔韧和轻盈、心境的柔软和安静。世界的色彩仿佛都变了，我重新感受到童年时田野里的风吹来，听见快节奏的大都市也有鸟儿清脆的叫声。

更为重要的，太极带给我的是后半生所需要的人生观。或者应该这么说，人人身上具一太极，修炼太极拳让我的人生找到了回归自然的法门。师父说："练太极，就是炼自己。"随着练拳的深入，我越来越觉察，身上僵硬的地方太多，执念不断地升起，这些正是痛苦和烦恼的根源。人生宇宙间，不过一蝼蚁，却又是一灵明。道在我身上，只须常怀敬畏之心，按照正确的方法去修炼，自然收获旷达的人生境界。

感恩师父，上德若谷！永远温暖谦和、不厌其烦地启发我、帮助我，如春风化雨般，润物细无声，引导我走上太极之路！

非常令人痛心的是，2023 年 11 月 30 日，一个本应是如常的我去武馆练拳的日子，师父却在带领学员们修炼"天人合一"收功后，溘然仙逝，永远地离开了我们。第二天晚 8 点，师父的讣告发布之时，北京怀柔拍摄到极其罕见的极光。

在这段失去师父的悲痛的日子里，师父给我的功课却还在继续。

师父离世前，身体之强健不亚于壮年，精神之天真更胜于少年，但为什么说走就走了呢？我想到六祖惠能圆寂前对弟子们说的话："诸佛出现，犹示涅槃，有来必去，理亦常然。吾此形骸，归必有所。"正所谓"死生有命"，师父不恋尘俗，以这样洒脱的方式纵浪大化、回归自然，是最自然不过的，也是最合于他毕生修炼的道的。这是师父离开我之后给我的第一个启示。

师父给我的第二个启示，则是有一天我一个人安静练拳时突然冒出来的灵感：自然生命的结束，恰是精神生命的完成。

就在那一瞬间，我从小到大读过的中国古人的书，儒释道三家，一下子融会贯通了。我们中国古人所追求的，不就是一"完成"吗？不管是儒家的成圣、佛家的成佛、道家的成仙，归根结底都是一"完成"。而不可避免的死亡，不过是这"完成"过程的一环而已。

师父一生，为继承和弘扬宝贵的中华传统太极文化，贡献了毕生的心血，又留下了这部凝结了他一生修炼真意的太极内经，他是完成了的。师父证得圆满，我们应该为他高兴。接下来该是我们，接过师父的接力棒，像他所嘱咐的那样：静心修炼，让自己健康，让身边人健康，让世界人健康。

谨录师父生前所作偈语一首，以表达我无尽的感恩，以及巨大的愿望——祈愿师父的这部揭示人体奥秘及修炼方法的太极内经，可以被更多的人读到，并从中受益，那就没有辜负师父传承绝学、普度众生的道心大爱。

　　上偈：太极是宇宙，修化于卧牛之地。
　　下偈：道出于命门，光射于天地之间。
　　横头：太极是道。

　　与有荣焉。是为编后记。

陆丽云

2024 年初春

于北京东城隆福寺

图书在版编目（CIP）数据

太极是道 / 杨松泉 著 . —北京：东方出版社，2024.3
ISBN 978－7－5207－3837－8

I.①太… II.①杨… III.①太极拳－基本知识 IV.① G852.11

中国国家版本馆 CIP 数据核字（2024）第 003708 号

太极是道

（TAIJI SHI DAO）

作　　者：杨松泉
责任编辑：陆丽云
封面设计：汪　莹
出　　版：东方出版社
发　　行：人民东方出版传媒有限公司
地　　址：北京市东城区朝阳门内大街 166 号
邮政编码：100010
印　　刷：北京中科印刷有限公司
版　　次：2024 年 3 月第 1 版
印　　次：2024 年 3 月北京第 1 次印刷
开　　本：880 毫米 × 1230 毫米 1/32
印　　张：7.5
字　　数：88 千字
书　　号：ISBN 978－7－5207－3837－8
定　　价：58.00 元
发行电话：（010）85924663　85924644　85924641